［法］樊尚·迪克雷（Vincent Ducrey）/ 著　张绚 / 译

UN SUCCÈS
NOMMÉ
HUAWEI

华为传

发展历程与八大战略行动

UNE HISTOIRE ET HUIT ACTIONS
STRATÉGIQUES

民主与建设出版社　博集天卷
CS-BOOKY
·北京·

目录

c o n t e n t s

华为发展的 八大阶段

华为八项
重要战略行动

专业人士
看华为

致 谢

在此特别感谢桑德里娜·马蒂沙尔（Sandrine Matichard）女士，如果没有她，本书将无法以如今的样子呈现给读者。感谢她的资助和陪伴。她所带领的编辑、观察和分析团队为本书提供了丰富的素材。同时，艾维琳娜·德尼（Herveline Denis）也为本书做出了巨大贡献。感谢我的同事佩尔·巴戈（Perle Bagot）和埃马纽埃尔·维维耶（Emmanuel Vivier）的大力支持。

感谢胡厚崑、施伟亮、田涛教授的付出和帮助，感谢朱迪斯·阿希迪（Judith Achidi）、蒂埃里·博诺姆（Thierry Bonhomme）、迈尔万·德巴（Merouane Debbah）、孙海滨、奥利弗·卡尔特纳（Oliver Kaltner）、张勇及曾玉波共同见证了本书的诞生。另外，也要感谢华为法国团队提供的图像资料，让我能够以更生动新颖的方式呈现内容。

序　言

2000 年以来，我凭借在政府工作的经验进入数字领域创业，始终接受着硅谷的管理文化和企业家精神的熏陶。此后，世界逐渐走向多极化，我先后在政府和智库任职，不同的任务让我有机会游历世界，了解全球创新的发展。

我的关注点聚焦在中国，我注意到三件事：新一代的中国人真正向世界敞开了怀抱，"中国制造"的产品和服务质量迅猛提升，真正的创新产品如雨后春笋般涌现。不止一两个，而是一大批创新，它们主要诞生于毗邻中国香港的南方城市——深圳[1]。

我在之前的作品《影响力指南》和《数字化转型指南》[2] 中剖析了管理和数字化转型的新方式，有了这些经验，我觉得现在是时候开启一个全新的系列了。我希望通过"商业故事"系列分享我在和新型全球化集团接触中的所思所想，《华为传》便是其中的第一部。

在三年的时间里，我到访深圳、东莞[3]和上海，与华为的工作团队、合作伙伴和客户接触交流，参观工厂、研发中心和网络安全中心。在摩纳哥、赫尔辛基、慕尼黑或是在参加拉斯维加斯国际消费类电子产品展览会

---

1 中国广东省的副省级城市，位于香港北部和东莞南部，是珠江三角洲的重要城市。截至 2018 年年末，深圳约有 1300 万常住人口。1980 年至 2010 年，深圳市生产总值年均增长率为 25.8%。

2 两本著作均由埃罗勒出版社出版。

3 中国广东省下辖的地级市，常住人口超过 800 万，位于深圳北部，是珠江三角洲中心城市之一。

1

（CES）、巴塞罗那世界移动通信大会（MWC）[1]、汉诺威工业博览会（Hannover Messe）和巴黎 VivaTech 科技大会期间，我也会主动与一些客户和合作伙伴当面沟通。

我希望通过本书向公众传达这样一个理念：对不断追求竞争力的法国企业而言，是否能够从中国创新模式的某些特质中汲取灵感去延续未来的成功呢？中国企业的创新活动具有以下三个特征：野心、市场规模和超增长。这是美国的主流观点，中国对此也有自己的阐释，即强大的加速能力、集体精神以及组织工业结构的国家。

这本书不是一本政治读物，既不故意夸大其词，也不分析时下被媒体广泛报道的时事热点，即中美的地缘政治冲突。

读罢此书，企业领导者、管理人员、学生、研究人员或对此主题颇感兴趣的人都能从中获取适用于企业理念或具体措施的新灵感。从广义而言，这本书可以为每位读者提供思考和解码未来世界的素材。

有些人将中国企业视作威胁而非机遇，没有花时间去了解其运行情况，分析其发展模式，从而提升自身的竞争力和发展力（为什么不这样做呢？）。认识和了解华为就是一个绝佳的出发点。

---

1 世界移动通信大会是全球移动通信系统协会（GSMA）举办的行业大会，是移动行业最大的活动。全球运营商、供应商、终端制造商以及内容生产商汇聚于此，共襄盛会。MWC 主办地一度移至法国戛纳，从 2006 年开始又回到西班牙巴塞罗那举行。

华为传

Huawei

华为
发展的
八大阶段

1937

1984

任正非，与共和国
共成长

1944 年 10 月：
战火中的童年

任正非出生的时代，中国正面临内忧外患：国共两党冲突升级，抗日战争尚未结束。毛泽东主席宣布新中国成立之时，他才 5 岁。

任正非家中兄妹 7 人，他排行老大。他的家乡贵州镇宁县偏僻而贫穷，气候多雨潮湿，位于中国西南一个多民族聚居的山区，与首都北京相隔千里。父亲任摩逊的个人经历对任正非的一生有着深远影响。1937 年，为响应抗日战争，任摩逊毅然决定参军，表面上，他在一家由国民党经营的防毒面具厂做会计，实际上，他秘密加入了共产党。

任摩逊出生于浙江一个富裕家庭，他睿智、有教养，曾经创立过一个文学社团，方便出售一些呼吁和倡议革命的书籍。

后来，他的行动引起了国民党的注意，无奈之下，任摩逊只得逃离家乡，一路辗转来到了贵州。

而正是在那里，他遇见了未来的妻子程远昭。程远昭是位积极向上的女性，她努力学习数学，还成了数学老师。任摩逊在当时是位知识分子，也是村里第一个上大学的人。后来，任摩逊也做了老师，之后又做了校长。

任正非的童年是艰苦的，生活非常窘迫。

　　两位乡村教师的收入本就微薄，还有一部分要寄给祖父母，家里时常饥一顿饱一顿。每一餐，母亲程远昭总是严格执行分饭制，只有这样才能确保每个人都不至于饿死。任正非说过，那时候能吃一小块白面馒头，都算得上过节了。住房条件就更简陋了，被褥是稻草做的，如厕洗漱只能在屋外进行。

　　即便如此，父母亲也未曾抱怨过命运。相反，他们非常注重教育，注重给孩子们树立利他、宽容的价值观。母亲喜欢给任正非讲希腊神话中赫拉克勒斯（Heracles）十二项任务的故事。每一次她都只讲一个故事，并且留下悬念，只有当任正非考试取得好成绩时，母亲才会讲下一个故事。这种奖励方式的确奏效：任正非虽然贪玩，但他学习刻苦，并且从很小的时候就表现出对书籍和阅读的热爱，这一爱好也伴随了他往后的人生。

　　青年时代的任正非始终记得那段艰苦、孤独、动荡的生活，但这段记忆却成了他日后人生的珍贵宝藏。他认为：人的一生太顺利也许是灾难，受点挫折是福不是祸。

　　时至今日，任正非身边的人都说从他身上能够看到他母亲的影子。母亲给他起的小名叫"非非"，直至去世前，她都一直这样称呼自己的儿子。任正非心中有一个巨大的遗憾：在他成为电信业大佬之后，有一次在中东出差，早上未给母亲打电话。几小时后，母亲在出门买菜时发生了车祸，之后不幸丧生。任正非的父亲也同样意外离世。1995 年，任摩逊在小摊上买了变质饮料，喝下后不久就因食物中毒而去世。[1]

---

1 援引自 «My mother, my father» de Ren Zhengfei in *Ren Zhengfei & Huawei* de Li Hongwen [LID publishing, 2017].

1962年6月：
"文革"动荡时期的青年大学生

为了通过高考，任正非和他的家人都付出了巨大努力。对热爱学习的任正非来说，智力水平自然不是问题，难就难在体力上。虽然在高考前几年，他们就举家搬迁到了都匀，但他们的生活依然极端贫困。大饥荒时期饿死了数百万人，这是一代中国人心中永恒的痛。那时候，任正非家里每个人的食物都是定量安排的，只有考试前夕除外：母亲尽可能地把食物留给大儿子，让他拥有足够的体能支撑备考，并且能在"大日子"到来的时候，保持良好的状态。

日后，当这位华为创始人在《我的父亲母亲》[1]一文中回忆起童年时，他说道：为了让大儿子在高考中取得好成绩，全家人都做出了牺牲。7个子女中，也只有任正非接受了高等教育，弟弟妹妹们则做着平凡的工作。

他成功了，也因此担负起了全家的希望。

---

1 «My mother, my father» de Ren Zhengfei in *Ren Zhengfei & Huawei* de Li Hongwen (LID publishing, 2017).

　　18 岁那年，任正非顺利通过高考，考取了重庆建筑工程学院（现已并入重庆大学）。这是中国最负盛名的学校之一，拥有良好的师资、精良的设备和丰富的学术资源。浩瀚的知识海洋让任正非兴奋不已，无论时局如何，即便只能吃干硬苦涩的年糕，只有一卷铺盖和两件母亲亲手做的白衬衣，他也很知足。那两件衣服他一直穿到了毕业。

　　这个在山村长大、对外面的世界几乎一无所知的青年，如今面对着无穷无尽的新知识。他对所有学科都兴趣浓厚：数学、电学，还有文科类的哲学、英语、日语……他对学习的渴望从未停止过。时常徜徉在书海里的他，在生活中很是孤独，他也曾申请加入共青团，尝试着融入同学，但一切都是徒劳。父亲过去与国民党的往来使他受到牵连。

　　任正非的个人经历又一次成为了国家历史的缩影。1966 年，就在他毕业的前一年，"文化大革命"爆发。人们公开排挤社会精英和知识分子，众多的大学教员被批斗和扣押。任正非的父亲被批斗为国民党和资本主义支持者，并被收监入狱。当时，全国部分地区完全笼罩在紧张气氛之下，任正非和当时的其他大学生一样，很难再继续接受教育。他选择远离事件，几位教授私下借书给他，他便独自继续学习，最终在 1967 年获得了大学文凭。那一年，他 23 岁。

1967 年 7 月：
步入职场，首次接触技术

受"文革"影响，当时的中国仍然笼罩在紧张的氛围之中，农业和工业遭到巨大破坏，百姓缺吃少穿，布匹也是定量供应。为了解决布匹短缺的问题，政府在东北地区辽阳市额外投资建设了一家合成纤维工厂。

当时，工厂正在招聘有技术的工程师，毕业多年的任正非也加入了应聘行列。他的军旅生涯也正是从这里开始的。

工厂隶属的部队在全国各地招聘了 50 万名有志于投身国家基础设施建设的工程兵。

那个时期的生活条件依旧是艰苦的。最初，这些工程兵就在草坪上过夜，后来有了屋子，但空气混浊，也不保暖。东北地区气候严寒，室外温度能达到零下 20 摄氏度。饥饿的肚子更是让寒夜显得无比漫长。

任正非只能通过读书来获得一丝慰藉。他是幸运的，在"文革"时期，"读书"这个行为会被视作造反，但是在相对落后、远离权力中心和红卫兵的东北，没人会批斗一个读书的人。

除了读书，工作本身也给他带来了知识。法国斯贝西姆（Speichim）

是德西尼布（Technip）集团公司的子公司，斯贝西姆工厂内配备了当时最先进的机器，能够完成一些自动化工作。这是任正非与技术的第一次接触。他逐个研究机械零件，想要弄明白这些机器的运作原理。日后，任正非在回顾时是这样评论的："我们一边吃着世界上最大的苦，一边学着世界上最先进的技术。"

　　在工厂工作的 7 年间，任正非刻苦钻研。他学得很快，从技术工人做到了工程师，后来又坐到了副所长的位置。再之后，他发明了用于技术设备检测的工具，这项发明不仅让他脱颖而出、声名大噪，也推动着他走向新的岗位。

1974 年 1 月：
短暂而闪亮的军旅生涯

自 1974 年加入辽阳化纤总厂，任正非的工作成绩十分出色。

此前，他曾在安顺工作过一阵子，安顺也是贵州的一个市，位于中国的西南，与他参加高考的城市相距不远。他曾参与代号"011"的军队通信系统开发工作。在他加入军队工作后不久，他便有机会接触到信息通信。

> 任正非参加一次讲座，主讲人是一位刚从美国回国的教授，主题是"电脑与未来潜力"。他至今仍然记得，那次讲座他几乎什么也听不懂！

军队的长官夜以继日地工作，就是为了尽快追赶上与其他国家的技术差距。

但由于受父亲的影响，任正非看着自己的下属陆续晋升，而他却什么也得不到。如今的任正非坦言道，他的淡泊名利就是从那段经历中修炼而得的。

时间到了 1976 年，"文化大革命"接近尾声，他才获得军队和地方政府对他工作的认可。1978 年 3 月，他受邀参加了全国科学大会。34 岁的他格外引人注目，在 6000 余名与会人员中，任正非的年龄最小。

在这个时候，中国正艰难地从过去十年的"文革"混乱中恢复，任正非在军事通信领域的几项新发明正有助于促进科学技术的发展。

各项荣誉纷至沓来，任正非戏称当时的自己是"奖牌和奖励收割机"。

父亲任摩逊平反后，任正非也终于可以加入共产党。恢复名誉的任摩逊对此十分骄傲，他把儿子与中共第十二次全国代表大会代表的合影挂在了客厅的墙上。

入伍近 10 年之后，任正非眼看着就要获得中校军衔，可他的军旅生涯却在 1983 年戛然而止。在全力重建国家的背景下，中国政府进行了重大的军队改革，撤裁了 50 万名工程兵。一些拥有高军衔的将官非常认可任正非的才华，多番说服他留在军队。经过深思熟虑后，他仍然选择了退伍。那一年，他 39 岁。

但军队经历对他的影响并未就此停止。近 40 年后的今天，他与中国政府的关系依然是分析人士热议的话题。

1984 年 4 月：
复员生活，谈何容易

　　任正非选择离开军队的原因之一，是他希望能够多顾及家庭。他与孟军结婚已有十余年，两人育有一女一子。由于常年在外工作，一年中有 11 个月都远离家庭，任正非鲜有机会见证孩子的成长。虽然生活仍旧不富裕，但孩子们却拥有远大志向。

> **离开军队之后，任正非回归家庭，举家搬迁至深圳，对新一代中国人来说，这座毗邻香港的南方城市拥有无限可能。**

　　深圳这座城市符合任正非对美好新生活的全部幻想。曾经的小渔村正在经历不可想象的飞速发展。改革开放之初的 1980 年，深圳、珠海、汕头和厦门四座城市因靠近香港（当时仍受英国统治）的特殊地理位置，被政府指定为经济特区[1]，以吸引外商投资。深圳是邓小平的经济改革试验田。

---

1 中国的经济特区是一个地理区域，在该地理区域内，实行相比于该国其他地区更有利于企业发展的经济法规。该机制是税收优惠、关税优惠、简化的海关程序和相关的法律条例的结合。深圳的诸多地区都已从该机制中受益。

很快，2 万余名干劲十足的工人拥入深圳，参与建设（详情见第 104—109 页）。任正非一家也在兴奋激动中定居深圳。那时的深圳南油集团还是一家年轻的地产公司，刚开始着眼于未来大都市的建设。妻子孟军在这家集团公司担任高管，随后，任正非也加入该集团，并担任旗下电子公司的副总经理。

不幸的是，在南油的经历让任正非品尝到了商场的狡诈。这位退伍老兵初入商界，显得过于天真。他被一个合伙人欺骗，损失高达 200 万元（约合 25 万欧元），这在当时无异于天文数字。当他意识到被骗后，他向领导承诺会尽力填补损失，尽管他想尽了办法，却也未能完成诺言。

最终，他难逃被辞退的命运，还身负重债，梦想在这一刻几乎破碎。祸不单行，妻子又选择在此时离开他，离婚的伤痛很快就超越了失业的苦楚。但任正非是脚踏实地的人。

一切又回到了起点。他回到父母家中，照顾父母和外甥，供养他们。几口人蜗居在狭小的空间之中，只能在阳台上勉强做饭。物质生活和精神生活都十分窘迫。曾经的军人陷入了忧郁，他必须找到出路。

1987

1992

先自立，后自强的
企业家

1987 年 9 月：
华为初生

经过无数个不眠夜，任正非终于摸索出了一条出路。43 岁的任正非决心自己创业。当时，改革开放的号角已经吹响，正是规划全新职业生涯的黄金时代。尽管在当时，"企业家"的身份仍处于社会边缘，但任正非相信会发生变化。凭借着丰富的阅历，他顺利成为了"新兴一代"。中国有句老话叫"第一个吃螃蟹的人"，说的便是这一代敢于迎接挑战、直面风险的人。

任正非缺少启动资金。他费尽周折说服了 5 位投资人，才为新公司筹得 2500 欧元的注册资金。他给新公司取名华为。"华"——衍生于"花朵"的"花"，在现代汉语中代指"中国"和"中国人"；"为"——取"有为"和"作为"之意；两个字合在一起，寓意"中华有为"。这个名字，灵感来源于某天任正非在墙上看到的爱国标语"心系中华，有所作为"。

起初，华为将业务瞄准进出口及其他发展迅速的领域（华为甚至做过减肥药进口）。那时，中国电信市场尚处于起步阶段，中国人的电话配备率仅为 0.5% 左右，居世界第 120 位，仅排在非洲以及部分欠发达国家之前，这表明当时的中国亟须建设电信基础设施。电话是"上层阶级"的专属品，安装电话大约需要花费 2000 元（约合 250 欧元），即使有足够的资金，开通一条电话线也需要等很长时间，短则 3 个月，长则 1 年。有些人甚至行贿运营商，要求加快安装速度。

华为在深圳的第一处办公场地

2019 年的深圳街景

多年来，多家外国运营商不断评估中国市场的潜力，并在很大程度上主导着市场。8 家老牌企业也争相瓜分这块新的蛋糕，其中包括日本的富士通（Fujitsu）、日本电气股份有限公司（NEC）、法国的阿尔卡特（Alcatel）[1]、瑞典的爱立信（Ericsson）[2]、比利时的贝尔（Bell）、德国的西门子（Siemens）[3]、芬兰的诺基亚（Nokia）[4]和美国电话电报公司（AT&T），这其中的大部分企业都有百年以上的历史。

电信业的飞速发展催生了一批被市场吸引的中国本土企业。20 世纪 80 年代中期，中国共有 400 余家电信企业。其中巨龙、大唐和中兴[5]三家公司脱颖而出，已可以与国际电信巨头比肩。

而被亢奋的行业氛围所包围的华为，从成立之初就面临着极其激烈的挑战。任正非回忆道："我创立华为是因为我别无选择。华为创业之初，

---

1 阿尔卡特是数字电话专用自动交换分机、海底传输电缆、移动基础设施、视频应用以及卫星和嵌入式负载领域的全球领先供应商之一。2005 年，阿尔卡特在 130 多个国家 / 地区开展业务，营业额达 131 亿欧元。2006 年 12 月，阿尔卡特与美国朗讯科技（Lucent）完成合并，成为阿尔卡特 – 朗讯（Alcatel–Lucent）。阿尔卡特 - 朗讯于 2015 年被诺基亚收购，2016 年起不再存续。

2 爱立信是一家瑞典公司，是全球电信行业的领军企业。截至 2018 年 12 月，爱立信业务覆盖 180 多个国家和地区，拥有约 95 000 名员工。

3 西门子通信是西门子股份公司的电信和网络子公司。2006 年，西门子通信的业务划分为两部分，网络和服务。这些业务随后分别出售给了诺基亚和金雅拓（Gemalto）。

4 总部位于芬兰的全球性电信公司。1998 年，诺基亚首次成为全球最大的手机制造商，并将这一头衔一直保持至 2011 年。次年，三星取代诺基亚，成为全球最大的手机制造商。2013 年，诺基亚将其智能手机部门出售给微软（Microsoft），并将业务重心转移至网络部门——诺基亚通信有限公司（Nokia Solutions and Networks）。截至 2018 年，诺基亚在 130 多个国家和地区拥有约 103 000 名员工。

5 中兴通讯股份有限公司为 160 多个国家和地区提供服务。截至 2017 年，中兴共雇用员工约 75 000 名。

既没有罗曼蒂克的情节，也没有惊心动魄的奇遇。"相反，像华为这样的电信设备经销商，在别人眼中和上门推销的业务员没有区别。但任正非和他的同事们没有气馁。

华为转向销售面向企业和政府机构的电话专用自动交换分机（PABX）[1]。任正非找到了一家香港的供应商合作伙伴——香港鸿年公司。被项目及任正非个人魅力所打动的鸿年接受了华为分期付款的要求。

> **在当时，全国有几百家企业销售与华为相似的产品，但只有华为的产品成功摆脱了困境。**

与本地生产的、性能较差的专用自动交换分机和国外价格高昂的相比，香港进口的专用自动交换分机性价比最高，也能给企业留下丰厚的利润。在成立之后的若干个月内，华为逐渐在酒店、医院、矿场以及公安部门等客户群中积攒了口碑。

---

1 PABX 是英文 "Private Automatic Branch EXchange" 的首字母缩写，是企业内部使用的私有电话交换机。

1988 年 10 月：
首次押注技术

华为成立几个月后，运作走上正轨。销售情况良好，香港供货商渐渐无法满足订单需求。每一次顺利交付，都让团队成员兴奋不已，同时也长舒一口气。在任正非的带领下，所有成员都挤进狭小的仓库里，亲自打包产品。

年轻的老板意识到这样的情况不能长期持续下去，他们必须具备自己生产专用自动交换分机的能力。这是一次真正的赌博：小公司仅有的人力和财力资源必须全部投入这项开发中去。他们从国内制造商手中购买组件，聘请了 6 位技术人员，以开发首款"华为制造"的专用自动交换分机。

最初的厂房条件简陋，热气熏蒸，几台电扇勉强吹起阵阵热浪，维持空气流通，然而每个人都在尽全力推动新产品的开发。对华为影响深远的"床垫文化"也是从那时形成的：不仅是老板，几乎所有员工都以公司为家（详情见第 160—163 页）。相传，曾经有一位供应商中午时间来华为送货，因为十分疲倦，竟也没能抵挡住困意，在仓库的床垫上小睡了一会儿。而当他醒来的时候，发现华为的大老板竟然就躺在几米之外呼呼大睡。

在华为，老板和员工共同承担工作的艰辛。为了保持团队的活力，任正非常常在加班的夜晚亲自下厨煮上一锅猪尾汤，与所有奋战的员工分享。

功夫不负有心人，1988 年年末，华为研制出了首款专用自动交换分机 BH01。虽然功能有限，BH01 还是以其轻便、高效的特点获得了良好的市场反馈。

但新的问题很快就出现了：生产专用自动交换分机必需的组件供货不足。任正非再一次为研发团队扩容，招募新的开发人员，设计制造电路和原生软件。每个人都做了巨大投入，但生产方式还停留在纯人工阶段。比如，在专用自动交换分机离厂前，必须经过测试以验证其可用性。这时，所有人必须停下手头的工作，每人操作两部电话，同时呼叫专用自动交换分机，从而确保产品能够同时支持足够数量的呼叫。

方法虽然原始，但是奏效。1988 年至 1991 年，华为先后推出了 3 款专用自动交换分机。每一次迭代都意味着性能的提高，HJD48 专用自动交换分机已经可以提供 48 个连接端口，是市场同类产品的 2 倍，且价格极具竞争力。

1991 年 9 月，华为的团队规模不断扩大，公司搬迁至一座工业大厦三楼的办公室。华为也在此时迎来了一位资深学者，他在之后大力推动了华为的开发进程。同时，华为研发部门逐渐成形，成员们的工位紧挨着生产部门，方便及时沟通。那些床垫则靠着墙放置，似乎在等待着疲倦的成员过来小憩一会儿。

1991年12月：
为客户而生，为客户不断超越自我

借着新版专用自动交换分机上市的机会，任正非邀请所有员工享用了一次自助餐，他站在仓库的包装盒上，发表了这样一次演讲："如果我们不奋斗，我们将无法生存。每周只工作40小时，那我们就只是普通工人，我们就不能成为专家，不能成为资深工程师，不能赢下未来的技术战。我向你们保证，华为会在20年内，成为全球电信巨头。"

1990年营销部部分成员在深圳的合影

任正非的话语掷地有声、雄心勃勃，尽管有人质疑他神志不清，甚至怀疑他有精神问题，但他仍然时时面带微笑向团队每个人重申这个高远志向。

的确，初生的华为是充满希望的。1992 年，华为的销售额达到 1300 万欧元。此时团队规模已经达到 200 人，其中研发部门占 50 人。每个人都已筋疲力尽。

但他们还没有获得完全胜利，有新一批的客户亟待攻克。

> **几家国际巨头把持着市场，竞争异常激烈。开发新产品的每项投资，都意味着公司面临的巨大生存风险。**

为了打破竞争激烈的市场僵局，任正非受毛泽东军事战略的启发，采取"农村包围城市"的策略，将产品投放至被竞争对手忽略的中国偏远地区（详情见第 164—166 页）。此外，由于产品性能还未达到最佳状态，无可挑剔的服务成为吸引和留住客户的重要手段。每台售出的专用自动交换分机中都附带一张说明，上面写道："客户可无条件退货，华为永远欢迎你们。"自那时起，售后服务就是华为产品的标配。每个销售人员都拥有一定产品库存量的调度权，如若产品出现故障，销售人员可以自主为客户退换。定期进行客户回访也是一项必须完成的任务。

但华为对于售后服务的践行远不止于此。在农村和沙漠地区，电信基础设施很容易被老鼠等动物啃坏，电信巨头们面对这类问题时，往往尽可能推卸责任。华为却反其道而行，认真对待每一个类似情况，研发团队专注于解决问题，极力寻找坚固耐用的材料。正是由于华为具备极端环境下的技术经验，若干年后，他们成功拿下了中东地区的大额订单。

1992 年 11 月：
首次赴美考察

1992 年是华为品尝收获的一年。收获来源于团队的辛苦工作，来源于最新开发的产品。销售业绩喜人，全国各地的好消息纷至沓来。任正非的壮志未减，他清楚地认识到，要想与依然占据中国市场的电信巨头们比肩，他还有很长的一段路要走。

因此，他决定带着他的团队成员，共同奔赴美利坚。此行并没有明确的目标，他们就是想花些时间造访老牌的高新企业，从中汲取灵感。此时的华为已经掌握了一些技术，因而他们更需要了解要如何努力才能达到目标。

这是一场名副其实的学习探险。圣克拉拉、拉斯维加斯、达拉斯、波士顿和纽约……他们穿梭在美国各个城市，所见所得超出了他们的预期：在参观德州仪器（Texas Instruments）和国际商业机器（IBM）等企业的大型园区时，他们感到无比惊讶和震撼。

这一场学习探险对他们而言是一个启示，所产生的深远持久的影响，标志着华为市场愿景的转变。

　　他们看到了华为的巨大前景。当然，短暂的考察不足以让他们深入研究国际巨头的发展战略和先进技术，但让他们看到了差距，不仅局限于技术层面，更有管理和组织流程上的差距。

　　他们在行程中还见证了比尔·克林顿（Bill Clinton）当选新一任总统。他们在达拉斯停留时，恰好是大选当日。在酒店的大厅里，华为的老总愉快地看着一群美国人围在电视机前收看美国有线电视新闻网（CNN）的新闻，庆祝阿肯色州州长当选总统。出于好奇，任正非走近与他们交谈，并被他们的喜悦所感染，与他们一起在酒店大厅跳舞庆祝。由于他把旅行的全部经费都带在了身上，口袋被塞得满满的，外套看上去有些变形。这个小插曲也让向来关心地缘政治的任正非看到了国际局势正在发生的巨大变化。柏林墙的倒塌、东欧剧变和苏联政权的瓦解、德国的统一以及美国民主党候选人的上台，都标志着世界格局的变化以及西方新势力的兴起。

　　这趟旅行还引发了他的另一项思考："（国家）越繁荣越发展科技，越发展科技越重视教育，越重视教育越人才辈出，越人才辈出经济越繁荣。"这是一个良性循环。遗憾的是，当时的中国还远远未能形成这样的良性循环。作为教师之子，任正非始终不忘持续学习。在这之后，他甚至将华为大学作为华为发展的重要杠杆之一（详情见第 124—125 页）。

　　旅行让任正非颇受鼓舞，不同的文化及其对商业世界的不同理解方式，让他受益良多。此后，华为的管理团队不断壮大，任正非又先后带领团队走访了德国和日本。

1993

1999

从攻擂人
到擂主

1993 年 10 月：
C&C08 问世，向电信巨头宣战

从美国回来后，任正非和他的智囊团一致认为，他们必须加快技术投入。就在这时，华为最新研发的 JK1000 专用自动交换分机遭遇滑铁卢。新产品的失败说明在数字产业兴起之时，华为在开发类似产品时缺乏前瞻性。

陷入困境的华为，账户结存常出现赤字，约 400 名员工的工资要拖延好几周才能发出。也因此，任正非萌生了实行全新薪资体系的想法。

全体员工的薪水，一部分以货币形式发放，另一部分以股票形式发放。

员工持股计划在日后成为华为文化的精髓，也让一部分员工跻身百万富翁之列（详情见第 110—112 页）。在某些人对公司未来存疑的时候，这一体系无疑有助于保持凝聚力和团队合作精神。

后来，是孙亚芳帮助华为走出了资金困境。孙亚芳从电子科技大学毕业后，进入国家安全部从事通信工作。华为的宏图吸引了她的注意，她决定加入团队，并投资 25 万欧元，以重振研发项目。

任正非也牢牢把握住了这次机会。他实行了一项大胆而有益的策略：

2016 年 3 月，会议中的孙亚芳

将华为的全部人力、技术和财务资源用于实现唯一目标，即开发全新的、先进的专用自动交换分机，目标是冲击当时国内市场占有率颇高的、由美国电话电报公司生产的 n°5 专用自动交换分机。

雄心勃勃的目标，必然需要付出双倍的努力。团队的工程师、技术员、开发人员几乎都是刚毕业的年轻人，工作积极性高涨。他们的工作方法依然停留在人工阶段：测试、摸索、试验、失败……周而复始。

最终，经过数月的艰苦研究和安装之后，1993 年 10 月，第一台 C ＆ C08 专用自动交换分机投入使用。首个客户是佛堂镇（今浙江义乌南部）的一个小邮电局。很早之前华为就曾承诺为这里安装设备，看到技术员们的忙碌，邮电局的经理也未对姗姗来迟的专用自动交换分机有任何抱怨。随着 C ＆ C08 的问世，华为要面对的不再仅仅是技术挑战。企业迎来了开放的新时期。

1994 年 10 月：
在国内市场崭露头角

C&C08 专用自动交换分机的售价仅为竞品（美国电话电报公司 n°5 专用自动交换分机）的三分之一，凭借着新产品的成功，在过去几年中艰难度日的华为终于可以扬眉吐气。销售业绩持续增长，华为逐渐超越了本土竞争对手大唐和巨龙两家国企，与中兴并驾齐驱，紧追当时如日中天的上海贝尔[1]。值得一提的是，那时的华为已经被一些活跃于国内市场的国际龙头企业视为威胁。

> **在 1994 年 10 月于北京举行的国际通信展览会上，华为展现了自身实力。**

华为是唯一参展的中国品牌，它的华丽亮相也是华为精神的写照。

任正非当时说：“十年后，全球通信行业三分天下（西门子、阿尔卡特和华为），华为占其一。”这话虽多少有些挑衅的意味，但足见任正非的信念之坚定。

---

1 诺基亚上海贝尔是诺基亚的中国子公司。2016 年，诺基亚完成了对阿尔卡特 - 朗讯的收购。上海贝尔汇集了此前阿尔卡特 - 朗讯在中国的大部分业务，是中国领先的电信设备制造商之一。

华为亮相 1994 年北京国际通信展览会

　　尽管实现这一目标的路还很漫长，但无论如何，C&C08 专用自动交换分机带来的销售增长是真实的。新的商业战略进一步推动了销售额的增长。在此之前，华为产品均是在酒店、医院等场所进行直销，但当产品在当地扎根之后，华为更进一步，与各地邮电系统成立合资公司，开始进行分销。合资公司名叫莫贝克，于 1999 年解散。合资企业让华为抓住了一个绝佳的机会，当时行业龙头上海贝尔已经无法控制供货节奏，一些客户甚至要等上一年才能等来设备。因此，作为华为的直接客户，各地邮电系统就成了华为的形象使者，拉近了华为与公众的距离。

　　1995 年，华为总营业额达到近 2 亿欧元，农村市场贡献居多。从 20 世纪 90 年代中期开始，华为开始与国内竞争对手和西方运营商抢占中国市场份额，从而真正在国内市场站稳脚跟。

C&C08 专用自动交换分机向美国电话电报公司 n°5 专用自动交换分机发出挑战

1995 年 12 月：
首次 "重启"

自 20 世纪 90 年代中期起，华为一度保持着惊人的营业额增长。但与电信和 IT 巨头相比，仍有很大差距。比如与华为同时期创立的美国戴尔公司（Dell），当时已经能够与惠普（Hewlett-Packard）和思科（Cisco）[1] 等企业相媲美，可谓远超华为一大截。

要用什么方法才能加速发展呢？任正非深知，要想让公司长足发展，就必须优化和规范运营模式，摆脱混乱局面。他在 1995 年萌生的想法，让华为进行了一次真正意义上的 "重启"。

在当时，华为面临着一个严峻问题：员工的积极性已经消磨殆尽。对于在国内市场取得的成绩，他们已经有些不为所动，逐渐有些松懈，甚至有些自满。

退伍老兵不可能任由事态如此发展。1995 年年末，任正非做出了一个无异于 "地震" 的决定。12 月 26 日，他要求市场部的所有经理，包括部门主管，同时提交一份过去一年的工作总结以及一份辞职报告。

---

1 思科系统公司是一家美国 IT 企业，专注研究网络硬件和电信设备，以及物联网、网络安全和专业远程会议。

> 这场"辞职"运动整整持续了一个月，也挽救了整个华为。在这过程中，大概三分之一的干部被替换下来。

任正非的这个方法虽然有风险，但非常彻底，也圆满地实现了 4 个目标：

· 为公司新一代领导集体注入新鲜血液。

· 阻断恶习滋生。

· 杜绝个别人发展小团体。

· 鼓励自我批评。

从更长远的角度来看，任正非希望借此向企业内部灌输一种"永久的危机意识"。他非常清楚地知道，华为是脆弱的，他也亲眼看到了万国证券[1]是如何在一夜之间跌入万丈深渊的，因而他希望企业内部的每个人都能明白，在永远变化的市场里，一切都是不确定的。这场内部整训，让留下来的人感受到了更加强烈的归属感，也让他们重新拾起奋斗的决心。

日后，任正非是这样评论这场整训的：任何一个民族，任何一个公司或任何一个组织，只要没有新陈代谢，生命就会停止……如果我们顾全每位功臣的历史，那么我们就会葬送我们公司的前途。

---

1 1988 年，管金生创立万国证券。管金生被称为中国证券业的教父。1995 年，万国证券因"327 事件"而登上头条新闻。就在 1995 年 2 月 23 日下午休市前的几分钟，万国证券大举抛售国债。事件发生后，管金生因"腐败和滥用公共资金"被判入狱，此后 18 年间，中国政府取消了国债期货的交易。1996 年，万国证券被迫与申银证券合并。

如果没有市场部集体大辞职对华为公司文化的影响，任何先进的管理、先进的体系在华为都无法生根。

这次整训也成了华为两项严苛又颇具开创性的政策的奠基石：其一，每年，依据客观标准对每一名员工进行绩效考核，对绩效最差的员工进行重新定位；其二，每个员工不能在同一岗位连续工作超过3年，3年期满则必须评估他是否可以晋升，如果员工业绩没有达到目标，则必须降职。

1998 年 1 月：
引领中国，冲击世界

1996 年至 1998 年，华为用仅仅两年的时间就实现了营收翻番。"农村包围城市"战略大获丰收，华为的业务遍及大中型城市。1996 年，中国政府颁布法令，鼓励本土电信企业发展，对华为而言无疑是锦上添花。电信行业的洋品牌因此受挫，富士通、日本电气股份有限公司和朗讯等企业相继退出中国市场。但最令人瞩目的当数 1998 年华为超越老牌企业上海贝尔，真正成为中国第一。

此时，华为也迎来了最重要的时刻。面对近年来取得的喜人成绩，董事长任正非并未展露笑颜，相反，他表现得非常严肃。

在成立十年之际，公司迎来了新的发展阶段。任正非称之为"死亡之谷"。公司不再是一家敏捷的初创企业，但也还不具备大型企业所必备的成熟和专业化水平。

1998 年 1 月 16 日，任正非在与管理人员开会时说："华为处在一个超常的发展时期，当前最严重的问题不是竞争对手，也不是人才、资金等问题。最大的敌人就是自己。"言下之意是说在整个发展过程中，华为始终依赖经验主义，缺乏新的突破。尽管人才济济，财务状况良好，但要迎接未来的增长挑战，华为必须彻底更新管理方式。

　　说这话的时候，任正非想到了那部即将定稿的《华为基本法》——一部在日后奠定企业文化基调的管理大纲。任正非也提到为优化管理流程而做的努力：那时，华为已经开始与合益（Hay）和埃森哲（Accenture）等咨询公司展开合作。自打出访美国以来，任正非对美国企业的管理方式青睐有加，他不仅期待用标准化的流程来提升绩效，也希望能够为企业引入更多的西方管理理念。

　　这是企业实现国际化目标不可或缺的，已经问鼎国内市场的华为，必须马不停蹄地进攻海外市场。几年以来，华为已经在海外市场取得了或多或少的成绩。1996 年，华为与香港的和记黄埔集团（Hutchison Whampoa）[1]达成合作，拿下首个非内地客户。香港是华为必须拿下的战场，是华为走出中国内地的第一步。当时，和记黄埔刚刚在香港取得了固定电话牌照，并正在寻找能够在 3 个月内安装所有设备的合作伙伴，没有任何一家国际企业敢于应战，只有华为接下了战书。

　　为了加速国际化进程，华为率先在东南亚、非洲、中东和拉美四个区域落地，并鼓励高管驻扎海外。这让我们又一次想起了"农村包围城市"战略：首先占领相对落后的地区，而后逐渐攻克竞争较大的其他地区。

---

1 和记黄埔集团是在香港证券交易所上市的大公司（世界 500 强）。其在 56 个国家／地区设立办事处，在全球拥有 280 000 多名员工。主营业务包括：港口经营和服务、房地产和酒店、分销、能源、基础设施和投资、电信。

1998年3月：
《华为基本法》彰显公司文化

随着业务的快速增长，华为内部开始出现分歧。不同的愿景、工作方式和志向相互冲撞。公司成立之初的积极氛围逐渐变得紧张微妙。

任正非决定改变这种状况。什么才能确保华为的长足发展？这个问题的答案格外重要。任正非认为，如果有强大的企业文化来体现公司的灵魂，就可以确保企业的持续和稳定发展。在一些历史悠久的大型公司，例如通用电气（GE）、沃尔玛（WalMart）和惠普中，企业文化甚至上升到信仰的高度。任正非也从这些企业中汲取了经验，他曾说道：

> 从长远来看，员工认可公司的价值体系，是企业实现良好管理和发展的基础。

为了达到这个目标，任正非从1995年起就着力于起草《华为基本法》。他邀请了6位来自中国人民大学的教授，他们有在国外生活和工作的经历，因此对西方管理观有很好的理解。任正非将6位教授的工作地点安排在他的办公室旁边，一方面为了跟进他们的工作，另一方面也为了让他们能够沉浸式地理解华为的战略。

教授们基于理论知识，又与华为团队进行了数百次交谈，他们最终提出了三个问题：

· 华为为什么成功？

· 支撑华为成功的要素是什么？

· 华为要取得更大的成功还需要哪些要素？

从公司战略到管理监控，这三个问题所获得的答案为引领公司发展的各条主线提供了依据。《华为基本法》也是一种保护机制，旨在让决策机制更加合理，让企业的决策不再仅仅体现某个人或某些人（包括首席执行官）的意志。

经过两年半的努力，《华为基本法》于 1998 年 3 月 23 日定稿，正式发送给公司所有员工。尽管员工对此事已有耳闻，但当他们读完第一条时仍然非常惊讶。第一条明确指出：为了使华为成为世界一流的设备供应商，我们将永不进入信息服务业。然而，当时许多高管认为工业市场将会饱和，相反，一切与互联网相关的信息技术或将给华为带来巨大机遇。但任正非分毫不让，坚定不移地秉持着信念：他不想屈服于当下的机会主义，而是继续深耕企业已经占领的市场。

值得一提的是，中国政府于 1997 年对香港恢复行使主权，《华为基本法》的编纂一定程度上借鉴了《中华人民共和国香港特别行政区基本法》的条款，而后者的宗旨，则是保障香港的稳定与繁荣。

《华为基本法》用了 6 章 103 条的内容来描绘华为的整个价值体系。我们从中读出了 4 个强烈信号：

· 客户的满意是企业的生存之道。

· 不断变化的管理和集体决策至关重要，能够避免公司由极个别"贵族"掌权。

· 人才是企业的宝贵资产，其重要性甚至超过技术本身。

· 技术是企业核心，每年至少将 10% 的营收投入研发。

在组建拥有相同目标和价值观的团队的过程中,《华为基本法》发挥了重要作用。它是公司的精神支柱,一切决策以它为中心,它也是华为能够在几个月后深化组织结构转型的奠基之石。

1998 年 10 月：
外国专家助力华为升级

从很多方面来说，1998 年都是华为历史上举足轻重的一年。继《华为基本法》发布、华为大学开始筹备之后，华为历史上另一重大事项随即启动：那就是人们常说的"IBM 任务"。

数月以来，华为已与思爱普（SAP）、甲骨文（Oracle）等国外的咨询企业或 IT 企业展开合作，推动改善其运营模式。但成果并不都是令人满意的，任正非意识到，改变必须更加彻底。工作是环环相扣而无法独立运转的，因此，转型必须是深入的、完整的和具有强制性的。

在 1997 年访问美国期间，华为的高管们对 IBM 工作流程的专业性和效率赞叹不已。因此，几个月后，任正非向 IBM 发出邀请，请他们协助华为完成转型。转型的目标很明确：让华为在未来几年内成为全球电信巨头中的佼佼者。

1998 年 10 月底，约 70 位 IBM 顾问抵达华为深圳总部，部署他们的集成产品开发（IPD）[1] 项目。集成产品开发项目至少持续了 3 年，总预算高达 18 亿欧元。目标是重塑整个创新和研发过程，真正做到"以客户为中心"[2]。

---

1 一套综合考虑产品设计、制造以及流程支持的模式、理念与方法。
2 一种将客户置于公司决策中心的企业战略。

这是一笔巨大的投资，一次高风险的赌博。但是，任正非坚信这是正确的决定：既然已经存在行之有效的流程，为什么还要自己再发明创造呢？

任正非是这次内部项目的第一位代言人。甚至在审计阶段结束时，报告已充分说明某些流程的效率不高，他依然支持顾问的观点。他当时是这样说的："他们敢于驳斥我们的方法，从这一点看，我们选对了老师。"

从这里我们能够看到"IBM 任务"的核心价值：保持谦逊和开放的心态，同时接受质疑。任正非常说："要削足适履，穿'美国鞋'。"然而在该项目初期，华为的管理层始终持保留意见，对于 IBM 顾问提出的建议，批评大于接受。这种态度是任正非不能容忍的，1999 年 4 月的某天，他甚至愤怒地捶桌道："所有人必须听取、遵循和实践顾问们的建议，无须再讨论或改变。做不到的人当即离职。"

集成产品开发项目最终结项。有了这样的成功合作经验，华为再次委托 IBM 协助进行其他业务的优化，例如对整个供应链和财务系统进行改造。

1999 年 6 月：
研发跨越国界

在攻占国际市场的征程中，华为在印度南部主要科技城市班加罗尔设立了研发中心。这个选择颇具战略意义：印度是仅次于美国的全球第二大软件开发国。

班加罗尔研发中心是华为继中国深圳、北京和上海之后，设立的第四个研发中心。2000 年，华为又分别在达拉斯和硅谷建成了两座研发中心。

华为每年有 10% 的营收专门用于研发，尤其是软件研发。创新仍然是核心问题。

华为为班加罗尔研发中心投资了至少 3.5 亿欧元，并以高薪吸引了超过 1000 名有资质的员工。如今，班加罗尔研发中心与上海研发中心同为华为最大的研发中心。

这里的研究人员大多为印度人，他们潜心钻研尖端技术，在移动宽带领域颇有建树。与此同时，印度电信市场正在快速增长，移动运营商为扩大用户基础，展开了残酷竞争。华为凭借着最先进的软件和元件积极应战。2000 年年初，时任华为印度研发中心首席运营官（COO）的王伟说道："我们此前为塔塔电信（Tata Teleservices）等印度运营商开发的产品和服务，已经部署到沃达丰（Vodafone）、T-Mobile 等重要的全球企业中。"从那之后，"出口能力"也变成华为产品设计的衡量维度之一。

当时，班加罗尔研发中心是践行 IBM 建议的工作流程的实验基地，也正因如此，该中心才能实现优秀业绩。2003 年，班加罗尔研发中心一举获得 CMM[1] 最高级别——第五级认证。之后，华为其他研发中心也陆续获得同等认证。

2004 年，某机构的报告显示，得益于低成本的劳动力，华为的研发投资效率是欧洲企业的 10 倍。[2]

---

1 能力成熟度模型，一种优化软件开发流程的认证系统。

2 «Huawei, une success story à la chinoise», *Libération*, 2019.7.15.

2019 年的华为上海研发中心

2000

2003

以钢铁一般的
企业精神应对危机

2000 年 3 月：
互联网泡沫破灭，电信业遭遇寒冬

自 20 世纪 90 年代中期以来，华为呈指数级增长，而互联网泡沫的破裂却突然阻断了这种飞速发展。历经数月的投机，纳斯达克发生剧烈震荡，股市一天之内下跌惨重。一个月后，与新技术相关的股票下跌了约 80%。

Web 端玩家首先受到这场全球金融地震的冲击，电信行业在设备与网络等方面与互联网紧密相关，因而迅速受到波及。就连北电（Nortel）和朗讯这样稳定且业绩优秀的公司，也因股价下跌损失了数百亿欧元。这就是行业和媒体所称的"电信寒冬"。

中国市场也不能幸免。股价大跌让中国移动和中国联通[1]被迫缩减预算，华为的收入因而减少。况且在那时，固定电话市场已基本饱和，潜力巨大的移动市场是当下唯一的希望。根据估算，移动市场的年增速可达 20%。然而，受到本土危机的影响，几家国际电信业巨头也在此时入驻中国，寻求喘息机会。市场竞争因此越发严酷。

---

1 中国第三大电信运营商，专注于移动电话业务。截至 2019 年 6 月，中国联通拥有 3.24 亿用户。

**华为受到了切实冲击，公司收入大幅下降，
但支出却在剧烈增长。**

在过去的两年中，公司员工人数几乎增加了一倍，并已在光纤、宽带
和移动网络等先进技术上进行了大量投资。

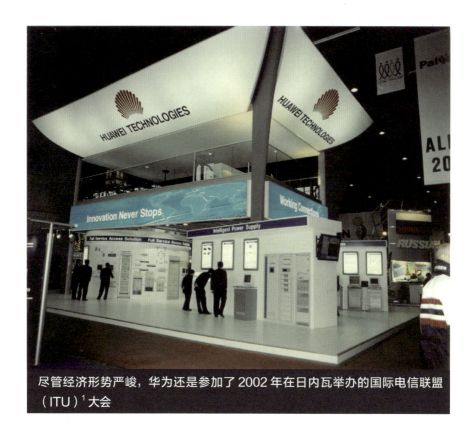

尽管经济形势严峻，华为还是参加了 2002 年在日内瓦举办的国际电信联盟
（ITU）[1]大会

---

1 联合国信息和通信技术专门机构。国际电信联盟成立于 1865 年，其宗旨在于促进通信网络
  的国际联通性。国际电信联盟在全球范围内分配无线电频率和卫星轨道，制定互联技术标准，
  确保网络和技术有序地互联互通。

任正非一直有着居安思危的危机意识，他认识到，华为或许将迎来史上最大危机。2001 年年初，任正非发布了名为《华为的冬天》的公开信。在信中，他重申了局势之严峻："这一场网络设备供应的冬天，也会像它热得人们不理解一样，冷得出奇。"他提到，公司无法逃脱风险，因而迫切需要找到出路，以避免产生致命影响。

出路之一就是摆脱对电话运营商的依赖。在这场危机中，思科和 IBM 一样，所受的影响要低于其他 IT 巨头。华为决定效仿它们，将业务扩展到企业网络。首先，任正非要在不解雇员工的基础上减少公司支出。他建议在职两年以上的高管成为华为的经销商，自行成立公司。为鼓励他们，华为甚至向他们承诺提供财务支持，并承诺，之后如果他们同意，华为或许可以并购他们的公司。不幸的是，任正非的建议只收获了一场惨败：和很多社会计划一样，优秀的人离开了，而平庸的却留下了。华为流失了大量人才和核心技术。公司实力没有增加，反而损失惨重，曾经的合作伙伴如今甚至成了竞争对手。任正非对此曾说道："面对内忧外患，公司的气氛非常沉重。许多人离开华为独立创业，并且带走了我们的技术和商业秘密。华为在这场动荡中举步维艰。"

2001 年 10 月，黑暗的危机中终于出现了曙光。需要现金来应对危机的华为以 6.6 亿欧元的好价钱将子公司华为电气（后来的安圣电气）出售给全球领先的电源供应商艾默生集团（Emerson），得以继续专注于电信技术。

2002 年 7 月：
华为的春天

在过去的十年中收获了累累硕果的华为，在严峻的形势中探寻新的突破。电信寒冬给公司带来了沉重打击。整个中国市场的增长率也从每年20％降至 2％。更不用说华为已经在尚未形成市场的 3G 业务上投资了超过6.5 亿欧元。严峻的现状加重了人才的流失，也挫伤了团队的士气。

而任正非此时却表现出极大的斗志，他坚信人在困境中成长得更快。

他制订了切实的战斗计划，并阐明华为最主要的弱点是生产效率低下。

尽管中国的劳动力成本很低，但华为员工的人均产值也很低。2000 年，华为员工的人均产值为 11.5 万欧元，而诺基亚和北电员工的人均产值分别为 40 万欧元和 28 万欧元。

20 世纪 90 年代后期，华为已经开始执行标准化生产流程，任正非决定加速。2002 年 7 月上旬，华为启动了一项重大项目，对供应链、生产、采购和物流部门进行重组，并聘请了国际专家，全程给予支持。仅仅一年时间，单采购部门就节省了数亿欧元。

另外，华为尽力减少支出。很少有员工对此提出异议，他们甚至冲在降低成本的最前线。除了降低企业支出外（例如，尽可能通过线上方式沟通，减少差旅支出等），一些员工还接受了 10% 的降薪，以支持公司发展。

在深入优化流程以及努力降低支出的同时，华为也对自身进行了重新审视。

任正非采取了两项战术。其一，重新平衡公司内部的现有力量：自华为成立以来，营销和研发一直处于领先地位，一定程度上限制了横向部门的发挥空间。公司因此制定了新的组织结构图。很快，这项举措就让部门间的沟通变得顺畅起来，也让所有人得以更公平地参与公司决策和活动。其二，增强员工的责任感，突破"只执行命令"的"小士兵"角色。为了使员工在公司发展中更加活跃，华为建立了双通道晋升模式，员工可根据个人的才能和抱负，向管理和技术两个方向晋升。为了防止出现个别管理人员决定团队命运的现象，也为了确保晋升机制的公平性，华为在内部设立了监管机构。

短短几个月内，华为逐渐脱离"严冬"的险境，成功保住了在中国市场的领先地位。值得一提的是，华为与中国移动的首个无线网络合同正是在此时签订的，合作规模堪称空前。从 2001 年到 2002 年，华为在国际市场的营业额增长了一倍，达到近 5 亿欧元。

在一次内部会议上，任正非对取得的成绩表示祝贺，并说道："我们通过无私工作纠正了我们年轻的错误。公司的各个层面都是一体的，我们实行的钢铁般的纪律是我们得以坚持下去的基础。"

2003 年 1 月：
思科事件

2003 年年初，华为在境外，尤其是在欧洲、俄罗斯、非洲和中东地区的长期耕耘终于有所收获。一直以来，任正非都期待着华为能与全球三大电信公司抗衡，如今，他终于看到华为品牌站稳了脚跟，并逐渐在中国境外受到关注。

2002 年春天，刚刚渡过难关的华为进军美国，以期在竞争对手的故乡抢占市场。

他的第一个目标就是企业网络领域无可争议的领导者——思科，华为在商业媒体上刊登了其路由器广告，向思科发起正面突击。广告上这样写道："唯一的区别是价格！"以此提醒消费者，华为产品的价格仅为思科的三分之一。

对思科来说，在本国市场突然跳出一个强劲对手，是挑衅还是威胁？无论如何，思科还是发动反击，并且挑起法律争端。在多次提出警告之后，思科于 2003 年 1 月 23 日对华为提出诉讼，指控华为涉嫌侵犯思科有关软件及路由器使用手册的知识产权。

这对刚刚走出困境的华为来说，可谓当头一棒。华为不仅面临着巨额赔偿，其公司形象和声誉也必将受到打击，将间接影响到将来的国际化道路。

任正非迅速建立起一个由法律、研发和市场营销方面的顶尖专家组成的团队，由与他最亲密的战友郭平领导。

很快，团队感受到这场战斗比预期的要艰巨。他们聘请了知识产权领域最佳的律师事务所——科温顿·伯林（Covington & Burling）律师事务所的罗伯特·哈斯拉姆（Robert Haslam）律师。为了说服哈斯拉姆为华为辩护，华为邀请他前往中国参观华为的生产基地、研发中心和总部。

然而，战火不仅仅燃烧在法庭之上，也蔓延到了媒体界。当时的美国媒体，反对"中国抄袭者"之风盛行，加之"9·11"事件催生的新型爱国主义经济情怀，名不见经传又有中国背景（美国人认为中国是"抄袭"的代名词）的华为在媒体上占据下风。而那时候，华为没有发表任何声明，哪怕在中国也没有发出任何声音——这个问题必须首先得到解决。郭平聘请了一家美国新闻关系机构，与美国的各媒体编辑部取得联系。他对案件提出了自己的看法。华为认为，事实很明显，思科打算维持其垄断地位，并试图通过司法途径消除竞争对手。

3月，一场戏剧性的转变突然上演：华为宣布与思科在美国的历史竞争对手3Com建立联盟。双方的联盟无声地扭转了局势，且无疑对华为更加有利。3Com的老板在庭审中的表态尤为关键："我们花了8个月的时间来验证华为的技术。他们的工程师能力超群，他们的技术和开发的软件都堪称精良。如果我们不能够确定华为没有侵犯知识产权，我们绝对不会冒险与华为结成联盟。"

任正非一直希望通过这场媒体和司法战争为华为赢得信誉，并证实华为的合规性[1]。他邀请斯坦福大学的专家来到深圳，为华为的路由器及其源

---

1 合规性指一项操作对其适用的法律法规的遵循情况。这些法律法规涉及法律、税收、会计和金融领域。

代码进行专业评估。思科的路由器有 2000 万行代码，华为的有 200 万行。实际看来，华为的源代码中仅有极少数与思科相同。华为坚称这是巧合，并同意对其路由器进行必要的更改。

最终，双方在宣判之前达成了和解。2004 年夏季，华为与思科签署调解书，案件就此结束。虽然曾经有过激烈的争论，但任正非与时任思科首席执行官的约翰·钱伯斯（John Chambers）仍然相互尊重。

此案让华为获得了声誉和信誉，也是华为国际扩张的重要转折点。中国企业在美国起步，都会遇到一堵难以跨越的"美国墙"。今时今日，这依然是一堵难以逾越的高墙。

2003 年 11 月：
摩托罗拉收购华为计划夭折

摩托罗拉和华为的首席执行官讨论合作策略

几乎在思科事件同一时期，2003 年秋季，摩托罗拉（Motorola）[1] 也在寻求与华为的合作。当时的摩托罗拉是美国手机行业的支柱，尽管也受到了互联网泡沫破裂的影响，但摩托罗拉仍旧是拥有 9 万名员工的龙头企业。而那时的华为员工仅为 3 万名。

摩托罗拉首席执行官迈克·扎菲罗夫斯基（Mike Zafirovski）从他的一位朋友，艾默生集团高管（艾默生在之前收购了华为电气）处听说了这家中国公司及其首席执行官任正非。华为产品的精湛技术和品质给这位朋友留下了深刻印象，这引发了扎菲罗夫斯基的好奇心，他不由得想进一步

---

1 历史悠久的美国电子电信企业。2010 年前后，摩托罗拉陷入巨大困境，分解为两部分，其中摩托罗拉解决方案（Motorola Solutions）留在美国，专注于主要通信业务和 B2B 业务，而摩托罗拉移动（Motorola Mobility）则出售给谷歌公司，而后又被转手至中国的联想公司。

了解与华为相关的信息。

最终，迈克·扎菲罗夫斯基与当时负责摩托罗拉中国业务的拉里·程（Larry Cheng）共同会见了任正非。双方的交流丰富而深入，摩托罗拉正式考虑收购华为。2003 年 11 月底，双方已签署了一份意向书，当时对华为的估值超过 65 亿欧元。但最终，收购并未如愿达成。

数月之后，扎菲罗夫斯基退出了摩托罗拉管理层。收购计划被搁置，随后，新上任的摩托罗拉高管决定放弃收购。给出的理由则是：花费重金收购华为这样一家"不知名"的外国公司，太贵了！可历史往往就是讽刺的，华为曾尝试在 2010 年收购摩托罗拉，但没有成功。最终是谷歌（Google）公司将摩托罗拉收入囊中。[1]《金融时报》（*Financial Times*）援引了一位香港专业人士的总结，内容如下："华为是否可以挽救摩托罗拉，抑或摩托罗拉最终是否会摧毁华为，还有待观察。"

所有这些事件均不能阻止华为继续发展。

在一波三折的 2003 年，华为依然取得了良好的增长，总营业额达到 33 亿欧元。2003 年还标志着华为的另一个转折："设备"（移动终端）[2] 部门的成立。之后，华为获得了 Orange Business Services[3] 和 T-Mobile 授权贴牌生产，正式进驻移动手机市场。

---

1 https://www.generation-nt.com/motorola-equipementier-telecom-rachat-huawei-blocage-actualite-1061211.html

2 指可以提供数字体验（声音、图像、文本、VR 等）的电子仪器或装置。

3 法国知名电信运营商，后文简称 Orange。Orange 在全球拥有 2.63 亿客户（非洲和中东客户占 59%，法国占 16%，西班牙占 8%，欧洲其他国家占 17%）。

2004

2008

不断壮大的
全球企业

2005 年 4 月：
跨国时代

从 2000 年到 2003 年，尽管经历了重重危机，华为并没有放松推进国际化。在不断推行标准化流程，以适应西方市场要求的同时，华为鼓励高管外派，竭尽全力克服文化障碍，在不同国家建立分公司。为提升品牌影响力，华为毫不吝啬地投入巨资参加世界各地的专业活动，以增加曝光率，表明立场。此外，华为通过积极加入行业组织和机构来获得信誉，例如，在 2001 年加入国际电信联盟。

那时，华为已经牢牢占据偏远地区的市场，将自己的设备和全球移动通信系统（GSM）技术部署在东南亚、非洲、中东和拉丁美洲等地区，也已经具备抢占更具竞争力地区的市场的条件，因此，华为将目标对准欧洲。相比美国，华为的产品在欧洲更加受欢迎。2003 年，华为在欧洲的首间办公室落户巴黎。

在品牌影响力得到提升之前，华为还无法正面向西门子、诺基亚和爱立信等欧洲市场老牌玩家发起冲击，而是再一次选择了从较冷门的市场入手的战略。2004 年，华为与荷兰运营商 Telfort 达成合作，这也是华为在欧洲签下的第一份重要合同。Telfort 是一家刚刚进入市场的运营商，面对沃达丰、T-Mobile 和皇家电信（KPN）等巨头的多方竞争压力，它以 2 亿欧元的价格，委托华为为其部署 3G 网络。Telfort 的技术总监曾在当时发表评论说："每个人都认为，华为之所以中标，是因为拥有极具竞争力的成本优势。但实际上，我们首先关注到的是他们的专业技术和响应能力。"

2004 年，华为与法国 Neuf Telecom 达成合作，为其部署高速网络。

Neuf Telecom 是一家互联网服务提供商，在竞争异常激烈的市场中可谓壮志满怀。最初，Neuf Telecom 对华为的服务能力存有质疑，为了证明自身实力，华为在里昂和马赛两地免费提供了为期 3 个月的真实网络部署。华为派出了最优秀的技术人员，在几周内就完成了部署工作。事实是最具说服力的，华为成功成为 Neuf Telecom 的合作伙伴。而后，Neuf Telecom 被 Altice 集团旗下的 SFR 公司收购。

日积跬步，华为逐渐赢得了西欧市场份额，受到行业巨头们的认可。而发生在 2005 年 4 月的重大里程碑事件，则标志着华为在欧洲市场真正站稳脚跟。经过漫长的谈判和对专业技术、生产流程的确认，英国电信集团（BT）最终选定华为为其部署多业务网络基础设施和网络传输。对一直致力于打造"21 世纪网络"的英国电信集团来说，与华为的合作具有重大战略意义。消息发布的第二天，英国电信集团之前的合作伙伴马可尼（Marconi）公司因输掉了本轮竞争，股价在一天之内下跌 40%。

在接下来的几个月中，华为继续拓宽欧洲市场，在欧洲大陆共计拥有 1300 名员工，其中四分之三是当地人。2005 年年底，华为收获了第二份战略意义重大的合同：沃达丰选择华为作为官方供应商。至此，华为已可将移动服务部署至 27 个国家。

在欧洲的强大影响力促进了公司在全球范围内的销售。这一年，华为的海外销售额首次超过了本土市场。华为正式进入跨国时代。

2005 年至 2006 年，也是市场发生深刻变化和巩固发展的时期。仅在半年间，爱立信收购了马可尼，阿尔卡特和朗讯合并，诺基亚和西门子联合宣布合并电信设备业务。老牌巨头们通过联手增强竞争力量，试图保持与华为的差距。华为虽然渐渐远离全球电信业巅峰，但仍然设法提升追赶节奏，并于 2007 年成为全球第五大电信设备经销商。

2008 年 5 月：
3G 业务先锋

此时的华为已是一家全球电信运营商，其国际影响力在各大洲持续扩大。2008 年 5 月，华为与新加坡电信全资子公司澳都斯（Optus）合作，在悉尼开设研究中心，开发创新的移动解决方案，并随时准备投放市场。

同年，华为与加拿大 Telus 和贝尔（Bell Canada）公司联合，尝试 3G 技术的大规模商业发布。在美国市场上，华为获得了 Cox 和 Leap Wireless 两家运营商的订单，但实际进展较为缓慢，而后，华为联合美国投资基金贝恩资本（Bain Capital），斥资近 20 亿欧元收购网络设备制造商 3Com。遗憾的是，由于美国安全部门的反对，收购未能达成。3Com 最终被惠普收购。

> **华为的成长和其与各个合作伙伴的关系息息相关。**

当时，全球都受到经济危机的震荡。任正非说："当然，未来是不确定的。我不希望我们的船沉下去，我们要保持明确的航向，尽一切可能逆风而上。"我们从中能够看到华为的生存哲学：危机总会来的，危机是包含在企业生命之中的。这是在互联网泡沫破裂之后，华为第二次面临如此巨大的危机。

　　然而，华为再一次抵抗住了危机。2008 年的销售额接近 160 亿欧元，虽然利润率从 2003 年的 19％下降至 2007 年的 7％，但在经济危机的背景下已实属难得。此时，华为已经超越朗讯、北电和摩托罗拉等历史悠久的公司，成为仅次于爱立信和诺基亚的全球第三大移动设备厂商。2008 年 12 月，《商业周刊》（ *Business Week* ）将华为与苹果（Apple）、谷歌、联合利华（Unilever）、沃尔玛等企业列为世界十大最具影响力的企业。

2009

创新、多元的
国际化企业

2009 年 12 月：
从 3G 到 4G，从网络到设备

当华为在北美推出商业化的 3G 业务时，就已经开始在欧洲部署首个全面 4G 测试。2009 年 12 月 14 日，华为与 TeliaSonera（一家瑞典和芬兰合资的运营商）合作，在奥斯陆成功测试了商用 4G。尽管测试是合作完成的，但华为独创的 SingleRAN[1] 技术也在过程中被验证可行。SingleRAN 技术

与 TeliaSonera 首次建立 4G 连接

---

1 SingleRAN 是华为发布的无线接入网技术，可使移动运营商在同一网络（3G、4G、5G）上支持多种移动通信标准和无线电话服务。

可实现设备在 2G、3G 和 4G 之间自由
切换至最佳网络。华为早在 2004 年就
开始研究 4G 技术，这在当时是非常先
进的。4G 研究本身也具有战略意义：
它有望实现比 3G 快三至四倍的连接速
度，并为移动设备上的多媒体消费奠定
基础。

　　4G 是移动电话发展的转折点，也
是华为与其瑞典竞争对手爱立信的技术
战场。TeliaSonera 与华为在奥斯陆部
署测试的同时，爱立信也在斯德哥尔摩
进行相同的测试，但相比之下，效能低
于华为。

　　正是由于华为的技术更先进，挪威
运营商 Télénor 也委托华为更新基础
设施，实现到 4G 的过渡。爱立信是一
家拥有悠久历史的电信企业，华为与之

华为首款安卓智能手机 U8230

相比，除了创新优势之外，与客户的近距离沟通以及与客户的技术团队同
步工作也是一大特点。

　　伴随着 4G 技术的飞速发展，开发团队于 2006 年启动"全 IP"模式项目。
该项目的原则便是为 2G、3G 和 4G 技术提供一个通用平台，避免电信运
营商反复在新设备上进行投资，华为在此原则之上提出有竞争力的可持续
解决方案，也因此坐稳了领先地位。

　　2009 年也是至关重要的一年，华为于当年在巴塞罗那举办的世界移动
通信大会上展示了其首款搭载安卓系统的智能手机 U8230，该机型起初由

T-Mobile 公司进行销售。[1]

华为也凭借 U8230 成为第二家推出安卓智能机的制造商。华为的首批手机设备于 2004 年问世，但手机业务仅占公司营业额的 5%。面对诸如联想和小米等国内手机制造商的崛起，华为决定以无以匹敌的价格和创新的入门级产品进军手机市场。很快，华为就成为中国手机市场的领导者之一，并开始抢占国际市场份额。2015 年，华为手机全球销量达 1 亿部。进军移动手机市场的决策也说明，华为正从 B2B[2] 的商业模式向 B2B 和 B2C[3] 混合的模式转变。

尽管 2008 年的经济危机大大冲击了电信运营商及设备制造商，但华为仰仗着技术层和业务层的共同发力，依然在 2009 年实现了 195 亿欧元的营业额，增长达 19%。

1 https://www.lesnumeriques.com/telephone-portable/huawei-u8230-p7488/test.html
2 英文 "business to business" 的缩写，指企业之间进行的商业、营销活动，也称为 "企业间活动"。
3 英文 "business to consumer" 的缩写，指企业与消费者之间的商业和营销活动。

2010 年 7 月：
跻身世界 500 强

2010 年 7 月 8 日，华为进入《财富》（*Fortune*）世界 500 强榜单[1]，排名第 397 位。这是一次了不起的飞跃，华为是榜单中唯一的非上市公司。此前对华为鲜有了解的国际媒体，如今对华为兴趣浓厚。《商业周刊》这样写道："起步于深圳的华为不仅成了中国新型企业的代表，也是全球进步企业的领航者。"

在华为内部却没有人为这则好消息鼓掌庆祝。保持清醒才是当务之急，与荣誉和认可相伴而来的是责任和新的形象曝光。为了回应进入 500 强的消息，也为了证明企业的透明度，华为管理层公开了其执行委员会的构成，并发布了一份年报。值得注意的是，这份年报是以上市公司的标准撰写的，华为作为非上市公司，除非必要，并无义务公开年报。

在登顶全球电信业巅峰的同时，华为也暴露出一些问题，首先就是与客户的需求和期待脱节。这让我们想起了华为在 2010 年正式将"以客户为中心，以奋斗者为本，艰苦奋斗、自我批评"纳入公司价值观。

---

1 全球营业额排名前 500 的企业榜单。该榜单于 1955 年首次发布，每年由美国《财富》杂志公布。

华为在 2010 年提出的四个核心价值

以客户为中心	艰苦奋斗
为客户创造附加价值是保障华为实现附加价值的唯一途径。我们的成功依赖于客户的成功。	客户的期待是在不断变化的，我们的行业是不断发展的。 我们能否长期坚持艰苦奋斗，决定了我们是否可以继续在市场上生存。
以奋斗者为本	自我批判
一套公平、有效的价值评估与价值共享体系可以鼓励员工为公司创造更多价值。	反思使我们进步，促使我们为外部挑战做好准备，避免不作为。

　　那时，各地事故频发，领导层警觉到团队的积极性不复从前，更糟的是，一些外派团队逐渐失去了谦虚谨慎的工作态度。2010 年夏天，马来西亚电信的总裁向华为管理层抱怨最近服务质量下降。董事长孙亚芳分析情况后认为，华为遇到了所有大公司发展到这一程度后都会遇到的问题：

销售急功近利

合同签订后，客户跟进不足

不同产品／服务间缺乏沟通（简仓）

内部官僚主义缺乏责任心

大型企业服务质量下降的原因

这一恶性循环将给企业——无论总部还是全球各地分部——各个层级的工作阶段性发展带来重大影响，也将影响"以客户为中心"的企业核心价值。任正非坚持："以客户为中心"的企业核心价值是企业成功的关键。华为一旦忽视这一价值，必将趋于毁灭。

> **2010 年年底，华为销售额达到 240 亿欧元，增长了近 25%。**

其中，国际市场是增长的主要动力，增幅达 34%，主要得益于北美和俄罗斯市场的飞速增长。同年，华为成了仅次于爱立信的全球第二大网络基础设施提供商。

任正非成为电信市场领导者的壮志即将达成，在描述下一步计划时，他说："在未来 10 年中，华为必须走出电信行业，成为营业额超 1000 亿欧元的 IT 巨头。我们期待能与思科、IBM 和惠普相匹敌。"尽管华为在 20 多年中已经取得了长足进步，但这一步似乎才是最大的挑战。

2013 年 11 月：
5G 业务先锋与云业务的首次成功

在 2010 年年初，华为已经成为全球电信巨头之一。2012 年，华为赶超爱立信，强势震撼了其在通信基础设施的领导地位。

4G 业务规模不断扩大，仅举一例来说，丹麦运营商 TDC A/S 与华为签署了一份超过 6 亿欧元的合同，委托华为对其网络进行现代化改造。英富曼（Informa）在 2013 年夏天公布的一项研究数据显示，华为已成功跻身 4G 网络供应商的前列，获得了全球 40％ 的合同，业务覆盖超过 100 个大城市和特大城市。

而当年，华为研发中心的研发工作却是针对另一项移动技术。

2013 年 11 月初，华为发布了一则重磅消息：公司将从即日起，投资 5.5 亿欧元用于 5G 研发。

具体来说，将有数千名员工投入开发基础架构，开发可支持数据量和传输速度都远高于 4G 的设备。

这是华为真正的赌注。当时，5G 尚处于萌芽阶段。但是，任正非及其团队很早就看到：不仅在技术方面，5G 在经济和社会回报方面都大有可为。

早在 2009 年，当人们尚未对 4G 部署感兴趣的时候，华为就对 5G 进行了首次研究。2015 年，华为与英国萨里大学的 5G 创新中心展开合作。

华为发布的对 5G 进行大规模投资的白皮书预测，首款采用 5G 技术的设备将于 2020 年面世；2020 年至 2030 年期间，5G 网络将得以全面部署。5G 具备前所未有的性能：传输速度可达 10 Gb/s，是 4G 的 100 倍，将在极短的延迟时间内提供全新的客户体验……可以想象，5G 技术将应用于各类新场景，尤其是在人工智能[1]领域。

在研发 5G 的同时，华为已经在云计算[2]方面寻求多元化发展。为攻占 IT 市场，华为在 2010 年认证确定了云计算技术的潜力，先后在国内五大研发中心累计招聘了 3 万名专家，共同致力于研发云计算解决方案。开发工作着重于提供云数据中心产品和解决方案，包括服务器、存储、数据中心网络、云操作系统和云管理平台。为加速创新，华为采取了诸多开放政策，与微软、英特尔（Intel）、思爱普和希捷（Seagate）等知名公司就云业务达成了合作伙伴关系。

---

1 人工智能指开发复杂计算机程序的理论和技术，这些程序能够模拟人类智力的某些特征（推理、学习、决策等）。

2 云计算指通过网络使用远程计算机服务器来存储或开发数据。

2014 年 10 月：
推出专门为千禧一代设计的品牌
——荣耀（Honor）

从 2009 年开始，华为在智能手机消费市场上获得巨大突破，在短短四年内成了全球第三大手机制造商。手机销售量呈指数级增长，2013 年华为手机品牌全球知名度同比增长 110%。

为继续扩大品牌影响力，华为在 2014 年制定新的战略，为手机生产线部署两个不同品牌，每个品牌都具有清晰的识别度和定位。既有品牌 Ascend 仍隶属于母公司，走高端路线，2014 年推出的 Ascend G6 搭载了华为最尖端的技术，如 4G 等。

同年 10 月底，华为在欧洲推出为千禧一代[1]定制的新品牌荣耀（Honor）。荣耀品牌的首款荣耀 6 集合了先进功能（4G、自研处理器、全高清屏幕、摄像头），欧洲市场售价为 299.99 欧元起。自推出之日起，这款包含了高科技的中端机型就主要进行在线销售，用户可直接在荣耀官网或亚马逊（Amazon）、阿里巴巴等华为合作网站上下单。这种分销模式，华为是从当时已经占据了一部分中国市场的小米那儿学来的。

---

1 指 1980 年至 2000 年之间出生的人。1995 年起出生的人，被称为 Z 一代。Y 世代（千禧一代）一词最早出现在美国《广告时代》（*Advertising Age*）杂志的社论中。

荣耀品牌的定位不仅仅是追求产品竞争力和最佳性价比。华为希望通过荣耀打破市场的传统规则，以吸引消费者，与消费者建立直接联系，进行精准的市场定位。

> **由于定位清晰独到，荣耀很快就收获了消费者的青睐。仅 2015 年上半年，就在 70 多个国家和地区销售了 2000 万部。**

快速发展的荣耀，也渐渐成了华为母公司的内部竞争对手。2019 年，法国华为荣耀品牌的总经理 Jimmy Hu 自信地将荣耀定义为母公司的"最佳对手"。这是一种良性竞争。

华为在 2015 年迎来了手机销量突破 1 亿部的光辉时刻

2014 年，华为业绩表现依然优秀，总营业额达到 465 亿美元。其中，消费者业务收入所占比例超过 1/4，增长率超过 30％。运营商业务收入居首位，营业额占比达 2/3。其次就是荣耀子公司，占总营业额的 7％。

2015

2019

电信行业的
新界限：智能时代
的网络连接

2016 年 11 月：
从连接到算法

2016 年 11 月下旬，华为宣布成立 X Labs，X Labs 是一个集合运营商、技术提供商和业务合作伙伴的研发平台，作用在于探讨移动技术和互联的全新使用场景。这是华为向市场发出的强烈信号，意义有二：其一，华为将积极参与电信和新技术在数据、云、人工智能的推动下将要经历的深刻变革；其二，华为将秉持合作和开放的精神，与全球合作伙伴合力推进这项变革。

由此看来，华为不仅要保持其全球领先地位，更要领导 IT 市场的数字化转型。正如轮值首席执行官徐直军在 2016 年工作报告中所说："工程和绘图的进步造就了长途导弹，同样，新技术的兴起将开辟数字勘探的新时代。通过在未来 20 年到 30 年间的探索和创新，我们的世界将成为一个智能且互联的世界。"

在研发方面，华为实际上正在探索新技术，旨在推动当下和未来的数字新时代发展。2014 年和 2015 年，华为连续两年问鼎全球申请专利数量最多的企业。（详情见第 128—135 页）。

在 5G 技术面世 3 年之后，华为在此领域的进步让它成了当之无愧的业界领袖。

华为与日本运营商 NTT-DOCOMO 在成都进行了首个大规模 5G 新空口外场验证。同时，华为也通过战略联盟加快开发进度。

2016 年 9 月，华为与奥迪（Audi）、宝马（BMW）、戴姆勒（Daimler）、爱立信、英特尔、诺基亚和高通（Qualcomm）联手，成立了 5G 汽车协会（5GAA）[1]，推动制定了互联汽车的统一标准。在欧洲大陆，华为在 5G 公私合作伙伴关系（5G-PPP）框架下，与欧盟联手推行该标准。值得一提的是，在全面部署 5G 之前，华为已在本土及澳大利亚、加拿大、德国等国家，为 60 多个运营商客户部署了 4.5G 技术，提供更快的连接速度和更好的客户体验。

自 2010 年宣布进军云计算市场，华为用 5 年时间成了公认的行业领军者，拥有 400 多个云数据中心，服务 100 多个国家的 2500 余个客户，足迹遍布科研机构、电信、能源及财经等领域。例如，与德国电信（Deutsche Telekom）合作推出全球最大科学研究云平台开放电信云（Open Telekom Cloud），来自 500 多家大学和研究中心——包括著名的欧洲核子研究组织（CERN）的 8000 名研究人员在平台上实现了紧密合作。

华为也不曾忘记在人工智能和连接对象的领域中占据战略位置。华为计划从 2020 年开始，通过与各个相关技术领域的伙伴合作，确保 10 亿台设备实现物联网连接。目前的三大目标分别是：打造 100 座智慧城市[2]、与 300 家金融机构进行合作以及在超过 60 个国家进行能源合作。

---

1 5G 汽车协会是由跨行业企业组成的全球性组织，这些公司共同致力于未来的移动和运输服务解决方案。

2 智慧城市是城市发展的新概念。旨在通过使用基于商品和服务生态系统的新技术，使城市更加包容和高效，提高城市居民的生活质量。

此外，高端手机 Mate 8 的发布也让华为在智能手机市场上持续保持着快速增长。2015 年，华为牢牢守住了全球第三大手机制造商的地位，当年手机销量超过 1 亿部，仅次于苹果和三星（Samsung），占据全球近 8% 的市场份额。2016 年，华为宣布与光学和摄影顶尖企业徕卡（Leica）[1] 合作，进一步提高产品质量和性能，提升了用户体验（详情见第 218—222 页）。

与徕卡的合作同华为近年来建立的数百个伙伴关系一样，很好地阐述了华为以领先的合作伙伴生态为依托，确保自己的领先地位，以进入互联新时代的战略模式。开放和协作的理念加快了技术的进步，华为与思爱普、谷歌、微软、英特尔等西方知名 IT 企业携手合作，其中也包括 Orange、布依格电信（Bouygues Telecom）、SFR（Altice Group）、Iliad（Free）和 TF1 等法国企业。

在多维度发展的共同作用下，华为保持了良好业绩，2016 年营业额达到 710 亿欧元，比上年增长 32%。

---

1 德国相机和光学仪器制造商。2016 年 2 月下旬，华为消费者业务与徕卡宣布达成长期战略联盟，在华为智能手机中加入高品质镜头。

2019 年 2 月：
在巴塞罗那世界移动通信大会上
大放异彩

华为消费者业务集团首席执行官余承东进行华为 Mate X 的全球首发

2017 年和 2018 年，华为业绩稳步上升，销售收入分别增长 15.7% 和 19.5%。应该说，每一项支柱业务均有创新：首次进行了 5G 测试；昇腾（Ascend）芯片问世，推动人工智能在各领域的应用；建立 50 万座物联网[1]基站[2]；开启云计算专属业务，提供 50 余种行业解决方案，覆盖医疗、

---

1 英文 "Internet of Things" 的缩写。物联网通过其生成的大量数据，促进大数据发展，应对大数据挑战，是 5G、云和网络安全问题的核心。

2 在地面移动无线电系统中，基站是安装在站点上的设备，配备收发天线，移动设备和连接对象与之进行通信，以访问电信网络。

工业生产等领域；推出首款搭载人工智能技术的手机 Mate 10，荣耀品牌也相应推出 Glory 系列机型，累计手机销量突破 2 亿部，与苹果争抢世界第二大手机制造商的宝座……截至 2018 年年底，世界 500 强企业中，有 200 余家（其中包含世界 100 强中的 48 家）是华为的客户。

对华为来说，2017 年世界移动通信大会是绝佳的交流机会

此外，2017 年的世界移动通信大会为华为颁发了"从 LTE 演进到 5G 杰出贡献奖"，以表彰其在 4G 和 5G 技术发展上所做的贡献。该奖项由全球移动通信系统协会颁布，全球移动通信系统协会是由全球约 800 家移动通信运营商组成的国际协会。

华为的飞速发展引起了竞争对手的忌惮：2018 年 8 月，澳大利亚出于"国家安全"考虑，将华为排除出 5G 市场。此后，由于身处中美地缘政治斗争的中心，华为受到了一系列打击。

　　2018年8月，美国政府出台禁令，禁止向中国采购电信设备。同年12月，英国电信宣布不会在5G网络的核心部分使用华为产品。紧接着，华为集团首席财务官（CFO）孟晚舟在温哥华转机时，被加拿大政府以"违反美国对伊朗禁令"为由逮捕并监禁，而后又被软禁在加拿大。而所谓华为违反的"禁令"，仅仅是因为华为的产品中包含了个别美国生产的元件，例如芯片。孟晚舟事件让人不得不想到同年的另一起案件，2018年4月，美国指控中兴对此前提交给美国政府的两份函件中做了虚假陈述，并做出激活对中兴通讯和中兴康讯公司拒绝令的决定。

2019年巴塞罗那世界移动通信大会

2019 年 1 月，美国司法部对华为提出了 23 项与知识产权、商法、洗钱等相关的诉讼。

> **2019 年 2 月在巴塞罗那举办的世界移动通信大会对华为来说是重要时刻，华为向全球运营商、未来的 5G 设备客户们证明了华为的伦理规范和产品安全。**

面对困境，华为如同往常一样主动出击，推动取得突破性的创新成果，精心组织发布商业公告，高层人员始终站在第一线。

·创新：华为推出首部折叠屏 5G 手机 Mate X，采用 Royole 具有革命意义的软屏技术。OPPO 和小米此前先后公开了折叠屏手机的宣传视频，但尚未正式发布产品，LG 的双屏手机相比之下毫无竞争力；三星的 Galaxy Fold 虽然早几天问世，但在 Mate X 面前不得不说相形见绌。

华为 Mate X：折叠屏智能手机

·运营商：华为优先与坚定推行 5G 的企业合作。印尼运营商 XL Axiata 与华为合作推出了支持 5G 的光纤网络；瑞士运营商 Sunrise 在本国 150 多个城市部署了 5G 网络；随后，摩纳哥电信（Monaco Telecom）[1] 宣布与华为达成协议，在摩纳哥部署 5G 网络，这项合作使得摩纳哥在 2019 年 7 月成为全球首个实现"全 5G"的国家（详情见第 229—234 页）。

·内部：团队紧跟新闻热点，胡厚崑多次强调，在 5 年内再让 5 亿人享受到 5G 技术，这是华为的使命。郭平针对各项指控，进行点对点的回击。他在 2019 年世界移动通信大会的演讲中说：华为是 5G 领域的全球领导者，华为率先构建了 5G 规模商用能力，并且做到站点极简，性能更强。至于安全问题，华为从来没有，将来也不会植入后门。我们也绝不允许别人在我们的设备上这样干。在谈到欧洲时，他说道："我完全同意一些行业机构近期的建议：政府和移动运营商合作确定欧洲的安全测试标准和认证体系。"几天之后，法国 Orange 董事长斯特凡纳·里夏尔（Stéphane Richard）以及德国政府官员相继表示，面对竞争的欧洲运营商，在部署 5G 网络时不得不降低电信设备的购买成本。那么问题来了，欧洲真的可以离开华为吗？

---

1 摩纳哥公国电信运营商，创建于 20 世纪 90 年代末，在摩纳哥电信局（行政机构）的私有化过程中诞生。公司的大股东是 Xavier Niel 先生（通过其控股的 NJJ 公司）。

2019

今天

超越榜样，硬件
软件双管齐下，缔造
华为王国

2019年5月：
坚定决心走向硬件独立

2019年，中美贸易纠纷持续升级。5月15日美国商务部宣布断供华为，把华为及其子公司列入出口管制的"实体名单"。面对数百万美元的损失，华为的合作伙伴不得不选择中止合作。该法案颁布后的几周内，英特尔、高通、博通（Broadcom）、ARM、微软等昔日的合作伙伴逐一离去，最后，谷歌也宣布停止为华为智能手机提供安卓系统。

在这场暴风雨中，任正非首先站了出来，他清楚地指出："没想到美国打击我们华为的战略决心如此之大。"华为驻欧盟机构首席代表刘康（Abraham Liu）则表示："这不仅仅只是对华为的攻击，更是在攻击自由和基于规则的秩序。这十分危险。"

经历过大风大浪的华为很快采取反击和预防措施。在双方矛盾恶化之初，华为便已经向高通、博通和英特尔购买了数月库存的芯片，足够支撑至2019年年底，也给自己留下了寻找解决方案的时间。

尽管做出了种种努力，华为还是受到了沉重打击。2019年，美国当局一直试图游说华为的其他合作伙伴不要与华为进行5G方面的合作。澳大利亚和新西兰先后采纳了美国的意见。观察人士认为，华为真正让美国忌惮的，并非设备安全，而是技术的领先。

身处媒体风暴中心的华为此前一直在努力，在比利时布鲁塞尔新设立了网络安全透明中心。

华为用这座网络安全透明中心的奠基礼再次向世界宣誓：安全是华为的核心主题，保护个人数据和客户利益是华为的重中之重。

2019 年第一季度，华为业绩喜人，同比增长 39%。一季度智能手机销量超过 5900 万部，建立超过 7 万座 5G 基站，签订 40 个 5G 设备合同。

新合同与合作伙伴纷至沓来：超过 160 座城市成为华为智慧城市的客户；在工业领域，中国第二大汽车制造商东风选择了华为云；在能源领域，华为帮助老挝建设了智能电网；在航空领域，迪拜机场也选择了华为为其打造绿色数据中心。

2019 年 8 月：
发布鸿蒙系统，实现软件自研

尽管是非缠身，华为依旧在 2019 年上半年交出了令人满意的业绩答卷：营业额达到 523 亿欧元，同比增长 23.2%；智能手机销量超 1.18 亿部——在团结和爱国主义精神的渲染下，危机之下的中国消费者相比美国品牌，更愿意选择本土的华为。

7 月 30 日，在深圳举行的新闻发布会上，华为董事长梁华轻描淡写地说道："美国政府的打压虽然对华为的发展节奏造成了一定的干扰，但没有影响到华为前进的方向"

在紧张的地缘政治局势下，华为在 2019 年盛夏推出了鸿蒙系统，用华为内部的说法，这将开启"万物互联的智能时代"。自此，华为告别搭载安卓系统的时代，完成了全面自研的最后一块拼图。

华为消费者业务集团首席执行官余承东表示，鸿蒙系统的目标是为所有用户场景提供智能体验："我们正进入这样一个时代，人们希望在所有设备和场景中都能获得全面的智能体验。为了支持这一点，我们认为，拥有一个具有更好的跨平台功能的操作系统是非常重要的。我们需要一个支持所有场景的操作系统，它可以在广泛的设备和平台上使用，并且能够满足消费者对低延迟和强安全性的需求。"

华为官方发布的鸿蒙系统四大特性为：

· 分布式架构首次用于终端 OS，实现跨终端无缝协同体验。

· 确定时延引擎和高性能 IPC 技术实现系统天生流畅。

· 基于微内核架构重塑终端设备可信安全。

· 通过统一 IDE 支撑一次开发，多端部署，实现跨终端生态共享。

此外，鸿蒙系统将建立开源基金会和开源社区，以支持与开发人员的协作。

华为人的共同愿景是建立一个完全互联且智能的现实世界，因此，当务之急是确保"真实世界的数字孪生[1]兄弟"的安全性，并劝说行业中的每个玩家保持团结和中立。这是华为面临的下一个挑战。

---

1 指一个物体、过程或系统的数字仿真过程，也可指一座工厂甚至是一座城市的数字化模型。这种实时数字呈现（化身）不断提供动态元素，以此获得数值模拟和优化建议。5G、物联网和云的到来将大大加速其开发和使用。

如今的华为

解读
关键数据

1 7 个重要数据

18.8 万名员工

超过 8 万名
研发人员

业务覆盖全球
170 多个国家 / 地区

国际品牌公司（Interbrand）全球
百强企业排名第 68 位

世界 500 强排名第 61 位
（相比 2018 年上升 11 位）

营业额 970 亿欧元

净利润 77 亿欧元

2 10 年内业务增长 5 倍，欧洲成为华为仅次于中国的第二大市场

（百万欧元）

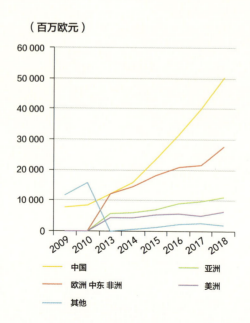

3　华为的 B2B 客户类型

超过 160 座
智慧城市

超过 190 家
电力企业

超过 700 座
安全城市

超过 300 家
金融机构

超过 22 万公里
铁路和高速公路

超过 1000 家
制造商

超过 100 家
石油企业

4　华为法国

　超过 1000 名员工，其中女性员工占 40%

自 2003 年来

巴黎：
设计研发中心

格勒诺布尔：
传感器研发中心

布洛涅－比扬古：
总部、数学研发中心

尼斯：
图像处理研发中心

　300 家供应商
采购额：6.34 亿欧元

　49 家 Digital Impulse 项目支持的初创企业（分布于巴黎、尼斯、里昂、里尔、波尔多）

　在"未来种子计划"框架下，100 名学生加入 French Tech 创业计划及法国商务投资署相关项目

　2017：在巴黎交易所区开设首个服务中心

　2019：在巴黎歌剧院区开设首个旗舰店

资料来源：华为年度报告和公司信息

5 2018 年业务分布

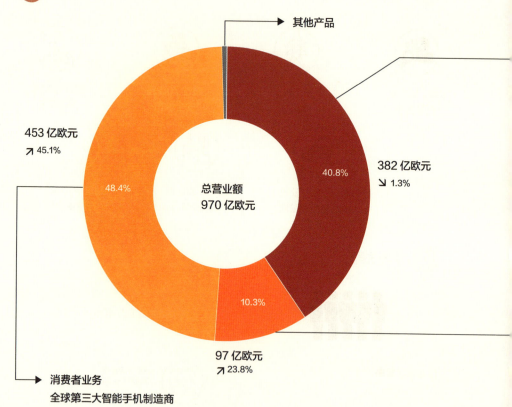

其他产品

453 亿欧元
↗ 45.1%

48.4%

总营业额
970 亿欧元

40.8%

382 亿欧元
↘ 1.3%

10.3%

97 亿欧元
↗ 23.8%

消费者业务
全球第三大智能手机制造商

华为 9 年间智能手机销售变化

2018 年全球智能手机交付量 2.06 亿部
（截至 2018 年 12 月 31 日数据）

全球 500 美元以上智能手机市场份额：
超过 14%

全球智能手机市场份额：
14.7%

中国智能手机市场份额：
超过 30%

智能手机出货量（单位：百万部）

2010	2011	2012	2013	2014	2015	2016	2017	2018
3	20	32	52	75	108	139	153	206

资料来源：国际数据公司（IDC）、GIK、华为市场洞察研究（Huawei MI）

运营商业务
180 余家电信运营商客户

180 余家运营商使用
LTE-Advanced Pro（4.5G）标准

签订 30 余个
5G 合同

交付 25 000 余个
5G 基站

企业业务
打造适用于所有类型企业的智能生态

万物感应
将物理时间的一切
转化为数字信号

万物互联
线上数据
用于机器学习

万物智能
大数据与人工智能
推动新应用

温度、空间、触觉、
嗅觉、听觉和视觉

连接无处不在，广泛连接，
大规模连接，深度连接

数字孪生
数字生存

宽带　数据中心　云计算　大数据　物联网　人工智能

资料来源：华为年度报告和公司信息

华为传

Huawei

华为八项
重要战略
行动

以奋斗者为本：
第一战略力量

选择事业开始的地方
创新中心——深圳

企业家精神·自由贸易区·生态系统

俯瞰深圳

任正非在 1987 年创立华为时，首先做的就是电话专用自动交换分机进口生意。当时市场潜力巨大，中国的设备覆盖率极低，只有 0.5% 的人口拥有电话。市场完全由西门子、爱立信和 AT & T 等几家西方企业把控。

20 世纪 80 年代末，伴随着中国经济自由化程度加深，众多本土企业陆续问世。数百家中小型企业（PME）先后做起倒卖[1]生意，形成了一张企业网络，各家以相对固定的价格转卖商品，获取利润的方式简单便捷。这些企业中，包括华为，也包括中兴、巨龙和大唐。新生代企业的出现，搅乱了老牌巨头垄断的局面。伴随着市场的蓬勃发展，华为在20世纪90年代末成功成为中国首屈一指的电信运营商。在数字移动新应用技术的助力下，一方面，华为在国内市场的领导地位坚不可摧；另一方面，华为的影响力也走出国门，扩大至全球。

任正非不仅仅选对了行，也选对了落脚地。深圳位于珠江三角洲，距离香港仅30公里，是邓小平指定的经济特区。

任正非认为，深圳在国内享有独特的经济地位，又毗邻繁荣的香港特区，未来必将发展强劲，因此，他将自己的事业押注于深圳。而深圳的发展着实突飞猛进：20世纪80年代起的30年，深圳经济的年均增长率达到25.8%，人口数量增长至今天的1300万人。

华为、中兴、腾讯（Tencent）、大疆（DJI）以及富士康（Foxconn）等公司都是深圳的领军企业。这座城市汇聚了一种不同寻常的集体活力。在这里，项目很快就能够付诸执行：电子元器件、分包商和资本（深交所于1990年成立）都是现成的。

这种集体活力能够快速实现概念验证（POC）[2]。深圳市领导曾经说过（详情见第256—261页）：

---

1 指有盈利的交易和转售活动，用于描述20世纪90年代香港和中国内地之间进出口电子产品有关活动的术语。

2 指对某些方法或想法的具体但初级的实验性实现，目的是证明其可行性。它位于技术产品开发流程的上游，是迈向具有全部功能的产品原型的重要一步。

> **一个创新概念的落地通常需要 6 个月至 2 年的时间，而在深圳，只需要 3 周。**

除了新生企业，深圳也吸引了大型跨国公司。百事集团（Pepsi）、标致雪铁龙集团（PSA，后与中国汽车制造商长安合建了生产中心）先后落户深圳，与它们相比，华为的第一大特点就是它是一家真正的中国企业。要知道，深圳每天新注册的公司有数百家，其中有 30 家是外资企业。

根据 2019 年 6 月发布的《中国城市竞争力报告》，深圳被称为"中国硅谷"，是中国最具经济竞争力的大都市。[1] 我们甚至可以将华为的成功和深圳的发展联系起来，这也是任正非一直追求的，他说："深圳的经济环境和国家的政策变化为我们的发展提供了支持。没有改革开放政策，就不会有华为。"

走出深圳，"中国企业"这一属性也给华为带去了好处。中国的经济自由化固然具有决定性意义，但这不是全部的原因，也不是因为中国的地价和人力成本相对较低，相反，如今这种情况已经发生了反转：一些中国企业正走在去本土化道路上，将生产中心迁移至阿尔及利亚、英国和巴西。[2]

中国及中国企业曾经拥有，从某种程度上说至今仍然拥有的竞争优势之一，就是中国常常被局限于"世界工厂"这样的角色中。面对世人的愚昧无知和傲慢自大，中国企业，尤其是华为，在很长一段时间内韬光养晦，发展壮大，但并没有引起欧美竞争对手的注意。正因如此，2014 年，华为

---

1 http://english.sz.gov.cn/news/News/201906/t20190626_18017744.htm
2 http://www.rfi.fr/asie-pacifique/20120520-chine-delocalise-son-tour-production

航拍下的深圳

成为全球申请专利数量最多的企业，中国本土媒体争相报道，但外媒却不曾留意到这一事件。

蒙田研究所（Institute Montaigne）的数据显示，中国帮助企业家们树立长远的经济愿景：中国对各行业和基础设施进行为期10年的投资规划，设立一定的国家偏好，并为重点企业提供有针对性的支持。根据《华尔街日报》（*The Wall Street Journal*）的一篇报道，华为等企业在2011年之前，

中国电子第一街（即深圳华强北路）

累计从国家开发银行（CDB）获得了 267 亿欧元的出口信贷[1]。[2] 除了当前的地缘政治纠纷外，华为还参与了中国国家的主要战略方向制定，因此自然地获得了政府支持，特别是在 21 世纪初华为开始攻克国际市场的时期。

深圳效仿美国硅谷，为企业成功实现了"时间、地点、意愿和生产力"四位一体的有机结合。

---

1 出口信贷指由一国政府（或专门机构）提供的出口融资信贷，由一些大国（例如中国）提供，以支持其出口公司。在全球化背景下，这类信贷的重要性与日俱增。出口信贷可采取多种形式，例如，提供给外国买家的直接信贷、利息支持再融资，以及由金融机构提供的信贷担保范围。

2 Matthew Dalton, «EU Finds China Gives Aid to Huawei, ZTE», *The Wall Street Journal* (2011), https://www.wsj.com/articles/SB10001424052748703960804576120012288591074

早期发展员工持股
建立有凝聚力和参与感的团队

凝聚力 · 责任 · 激励

华为的资本模式也是其特性之一。员工持股是华为的根基。此前对股票期权一无所知的任正非，在 20 世纪 90 年代初萌生了全员持股的想法。当时公司发展举步维艰，有时候甚至难以支付员工工资。发不出工资的时候，任正非建议员工将部分薪酬转换为股票。此举的另一个目的则是加强企业项目团队的凝聚力，共同分担公司发展的责任。

田涛曾引用任正非的话说："不要以为我是智者或圣人。华为是一家科技公司，我需要身边有聪明、负责、有远大理想的员工，我们可以与他们分享公司的成功，同时承担公司的失败。对我来说，共享公司的资本是鼓励人才加入我们并留住他们的唯一途径。"[1] 这意味着员工和他们的专业知识是公司最宝贵的资产，在这种类似于私人合作的模式下，每个人都真正肩负起责任。

华为是一家几乎全员持股的公司。

---

1 Tian Tao, David de Cremer, Wu Chunbo, *Huawei: leadership, culture and connectivity*, Sage Publications, India, 2016.

创始人任正非持有约 1.14% 的股份，其余由中国员工持有，虽然中国法律尚不允许向外籍员工开放股权系统，但外籍员工可享受分红，每 5 年归零重计。不过当他们离职时，不能继续持有配股。

员工持股计划（ESOP）不断更新完善，2018 年，华为的持股员工数达到 96 768 人，2016 年和 2003 年的这个数字分别是 81 144 人和 15 061 人。根据路透社报道，员工持有的股票价值与薪水持平，有时甚至更高。[1]2019年 3 月，路透社报道称华为计划将员工的现金股息提升 3%，相当于提升数十亿欧元。

克里斯托弗·鲍尔丁（Christopher Balding）和郭丹青（Donald Clarke）等分析师则认为，华为并不是真正意义上的员工持股。[2] 他们指出，华为投资控股有限公司工会委员会是最大的股东，这实际上是政府的间接控制，员工 / 股东无法有效地参与公司的决策。

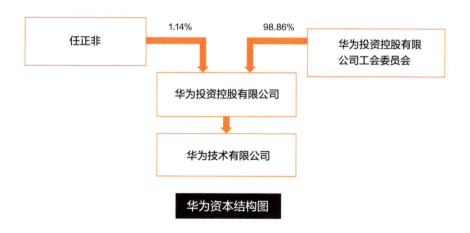

——————————

1 https://www.reuters.com/article/us-huawei-profitshare-exclusive/exclusive-huawei-plans-billions-in-dividends-for-staff-despite-row-with-u-s-sources-idUSKCN1QI4OG

2 Christopher Balding, Donald Clarke, «Who owns Huawei ? », SSRN, 17 avril 2019 (https://papers.ssrn.com/sol3/papers.cfm?abstract_id=3372669&download=yes)

对此，华为回应道，集团的控股公司实际上是由员工持股的华为投资控股有限公司，有 115 位员工直接代表。此外，在深圳总部一间专门的办公室里，有 10 本登记册记录了该公司近 10 万名股东的名字。

华为深圳股东登记室

值得注意的是，华为员工持股讲求公平，而非平等。员工的业绩越突出，或职级越高，所获得的股份就越多。21 世纪初，华为对员工持股系统进行了重新审视，以避免股权分配成为老员工的特权，也是为了将股权分配给新进的人才。这是一种任人唯贤的理念，鼓励最优秀的人才。

任正非认为，华为的成功一定程度上得益于员工持股。员工持股不仅能够团结和激励团队，它还使得华为能够不依赖于外部的、非运营的利益相关者，这些利益相关者会因为追求短期利益而给公司带来不良影响。华为拒绝在证券交易所上市，始终保持独立，以此实现宏远的目标：保持大规模投资于研发，而不是只追求"季度"利润。

新的问题也随之产生：一旦华为业绩欠佳，不得不减少分红，会发生什么？是否意味着员工的积极性和主动性也会随之降低呢？

推行"狼性文化"
集体作战、坚韧奋斗的商业形象

竞争·兵法·增长黑客

任正非出身军队,爱好阅读,因此他的演讲中经常使用军事用语。他把市场比作战场,把员工比作士兵。

> "狼性文化"的本质是一种鼓励,推崇激进、坚韧、善于发现新机遇的品质;同时,"狼性"也强调集体意识,围绕项目或任务进行团队作战。

华为的团队十分推崇以纪律、勇气和士气为核心的价值观。据田涛所说,任正非甚至将自己的员工与诺曼底登陆的士兵们做对比,面对强大而充满敌意的敌人、危险的环境以及存亡关头,我们需要继续战斗,不畏牺牲,才能占领阵地。

华为的"狼性文化"诞生于公司创立的最初十年,在当时竞争极其激烈的市场环境下,生存是第一要义。

说到这里不得不提一件逸事。1996 年,邮电部在北京组织了一次会议,邮局,也就是华为的潜在客户派代表参会,而华为出动了 400 名业务员和工程师组成代表团参会，人数是其他竞争者的 10 倍有余。这股真正意义上的"人潮"让华为成功地从上海贝尔、朗讯等老牌企业手中抢走了合同。

在中国文化中，先天对立的力量之间存在着一种平衡，同样，这种"狼性文化"中也融合了谦逊、不断自我质疑以及接受妥协等品质。

这是一种坚韧的品质：我们不能逃避危机，必须学会应对危机。就像 2003 年的思科事件（详情见第 53—55 页）那样，思科当时控诉华为窃取其知识产权，消息一出，团队成员也曾感到消极和不安。好在华为及时做出回击，事件最终得以妥善解决，华为员工也通过这一事件，更加相信公司有实力突破困境，走向强大。商场如战场，坚韧的"狼性文化"使华为能够很好地应对突发事件。

团建活动中的赛跑与枕头大战

华为的日常管理也体现了奋斗精神。每个人都始终处于紧张和挑战之中，努力走出自己的舒适区以成为更好的自己。每年，业绩评估最末的 3% 至 5% 的员工，会被建议调离岗位。另外，每个员工必须进行每三年一次的调岗。外派的员工时而接到临时改变驻地的通知，再由工作情况，决定是否晋升。就像外交官一样，没有人可以长期坐稳一个职位。

华为人始终秉持着一个理念：没有什么是确定的，下一个危机就在眼前。任正非也通过两次"大辞职运动"重申了这一理念：一次是 1995 年市场部集体辞职，另一次则是在 2007 年，超过 1 万名老员工离职。

　　然而近十年来，为吸收更多千禧一代的新鲜血液，这种受军事思想启发而生的理念受到了一定冲击。年轻的人才也是国际企业和国内以 BATX[1] 为首的互联网大厂争抢的对象。工作福利（美术课、体育运动、团队建设等）非但没有降低员工的竞争意识，还给日常工作增添了些许"加州"色彩。

----

1 BATX 是四家杰出的中国数字企业的首字母缩写。即：百度、阿里巴巴、腾讯和小米（再加上华为，即为 BATHX）。这几家企业被视为中国版的 GAFA [谷歌、苹果、脸书（Facebook）和亚马逊] 和 NATU [网飞（Netflix）、爱彼迎（Airbnb）、特斯拉（Tesla）和优步（Uber）]。

广纳全球英才
多元文化的团队和背景

多元文化·新一代·人才

为了发展，华为主要寻求两种类型的人才，一种是具有国际背景，外语（英语和中文之外）专业的人才，另一种则是潜力巨大的工程师，后者也是全球企业争抢的对象。

虽然华为始终是一家纯粹的中国企业，但它的外籍员工数量却在不断增加。华为官方数据没有披露具体的外籍员工数量，估算应占全员人数的50%。人才招聘对集团具有战略意义：一方面，本土的大学毕业生无法满足全国的人才需求；另一方面，在全球招聘也有助于华为拓展新的市场。在进入新的市场时，不熟悉当地的文化、语言、工作方式以及所在国家电信行业特性，这些都会成为切实的阻碍。举例而言，21世纪初，华为的中国员工开始在欧洲开展业务，经过了几个月的学习和磨合，欧洲当地的员工很好地融入了团队，公司得以以更快的速度站稳脚跟。

如何招聘到有国际背景的人才呢？从成立之初起，华为就经常与国内主要院校合作，推行华为创新研究计划（HIRP），通过个人或高校科研合作伙伴关系，为进行与华为利益相关的课题研究的教授提供认证和支持（主要是财务支持）。[1]

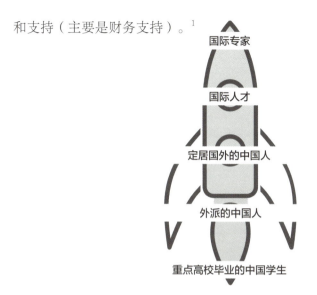

国际专家

国际人才

定居国外的中国人

外派的中国人

重点高校毕业的中国学生

华为人才招聘的五大对象及结构化步骤

此外，华为的"未来种子"教育计划（在法国称之为"数字人才计划"，Talents Numériques）是面向全球青年工科学生（包含部分非在校青年名额）的年度项目，于 2008 年发起，在华为深圳本部为参与者提供为期两周的文化和技术沉浸式学习。

华为的"未来种子"教育计划参与者在深圳学习

---

1 http://innovationresearch.huawei.com/IPD/hirp/portal/index.html

"华为大学"提供技术课程（路由、安全、无线局域网、云、存储、大数据等），并为结业者颁发华为认证。2013 年以来，共有 5.5 万人参与项目，1.2 万人在获得华为颁发的文凭的同时，也获得了在华为工作的潜在机会。

> **在各地子公司，华为招聘了一部分既具有双重文化背景，又已经适应当地生活的侨民。**

同时，华为为高校及主要科研院所提供项目支持，支持并资助博士生们的多年期科研（详情见第 235—241 页）。华为的支持并不局限于工科专业，华为公司还资助了巴黎 – 萨克雷大学二年级法学研究生参与的与空间活动和电信相关的项目。

再举一例，拥有哈佛和斯坦福两个博士学位的华裔美国研究员白玉生（音译，Bai Yusheng）被华为在美国的研究中心聘用，他利用自己尖端的专业知识帮助华为开发了最近的光纤技术——在欧洲市场上取得了巨大成功。

最后，作为战略举措，华为还聘请了一些业内专家。例如，IBM 前副总以 50 万欧元年薪加入华为，着手重组采购部门。再有，现任的全球网络安全和隐私官约翰·萨福克（John Suffolk）凭借着丰富经验和英国政府前首席信息与安全官的背景，获得了华为的邀约。华为也从著名的弗劳恩霍夫应用研究促进协会（Fraunhofer-Gesellschaft）[1] 聘请德国专家，审查华为现有的生产体系。招聘是需要成本的，但它带来了显著的、可量化的

---

1 位于德国慕尼黑的应用科学研究公共机构。机构以物理学家约瑟夫·冯·弗劳恩霍夫（Joseph von Fraunhofer）的名字命名，汇集了德国 40 个地区的 72 个研究所，每个研究所都专注于特定的研究领域。2009 年，该机构员工数达 26 600 人。

改善。几个月之后，生产周期大大缩短，产品质量也达到了国际标准。

　　是什么吸引外籍专家加入华为呢？任正非在接受采访时曾说："加入华为的唯一益处，就是学会在逆境中工作，再无其他。正是这种逆境给人带去成就感、对公司未来的信心以及更好的薪酬。"薪酬当然是居首位的。根据《南华早报》报道，华为计划 2019 年在全球范围内寻找 20 名至 30 名获得顶尖学科博士学位的青年稀缺人才，开出的年薪高达 26 万欧元。[1]

　　自始至终，华为的用人原则就是：一旦发现人才，无论其出身，哪怕公司还没有合适的岗位，一定要招进来。因为人才不容错过。是人才，就一定能在组织中找到合适定位。

---

1 https://www.scmp.com/tech/gear/article/3019797/huawei-signs-top-fresh-tech-talent-us300000-salaries-bid-stay-ahead

激励和留住最优人才
将知识主义作为激励员工参与感的杠杆

知识主义 · 参与感 · 回报

为了实现在 30 年内成为全球电信巨头的目标，华为必须依赖有参与感、对公司忠诚的专家员工。

2018 年，华为全球员工总数达 18.8 万人。

其中，研发岗位占相对多数（约占全员的 45%[1]）。平均年龄在 30 岁至 40 岁之间，年轻、有超强动力的男员工比例很高（见后文图表）。华为是如何让顶尖人才自愿长时间留在华为工作的呢？

两位学者曾经对华为进行个案研究，早在硅谷之前，华为已经在执行以下三项人事（HR）准则：薪资、股权、业绩评估。[2]

华为希望将"知识主义"具体化。所谓知识主义，是指一种管理原则，鼓励员工将自己定位为企业的共同所有人、公司成功的共同受益人，而非

---

1 华为 2018 年年报。

2 Hui Zhang, Huguang Rao, Junzheng Feng, «Product Innovation Based on Online Review Data Mining: A case study of Huawei Phones», 2017.

可以随意被替换的寻常员工。在后一种情况下，员工的贡献往往最低。得益于这一管理原则，华为成功留住了"顶尖人才"，避免人才流向竞争对手。

员工年龄

性别分布（2014—2018）
约 20% 为女性员工

华为员工年龄、性别比例

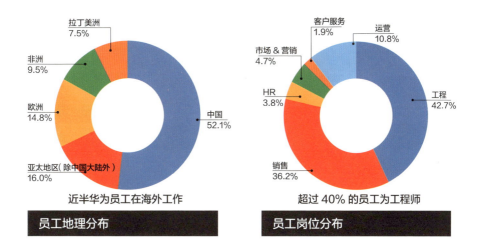

近半华为员工在海外工作

员工地理分布

超过 40% 的员工为工程师

员工岗位分布

1	清华大学（北京）	505
2	北京大学（北京）	459
3	浙江大学（杭州）	1981
4	上海交通大学（上海）	663
5	复旦大学（上海）	329

接近 4000 名员工毕业于以上五所大学［根据领英（LinkedIn）最新个人信息排列］

亚太地区	76 642
阿富汗	79
澳大利亚	939
阿塞拜疆	124
孟加拉国	825
柬埔寨	160
中国	60 044
（不含港、澳、台）	
韩国	111
中国香港	531
印度尼西亚	2468
印度	559
日本	405
哈萨克斯坦	186
吉尔吉斯斯坦	20
老挝	29
马来西亚	1946
尼泊尔	345
蒙古	27
缅甸	701
新西兰	153
乌兹别克斯坦	126
巴基斯坦	3206
菲律宾	1471
斯里兰卡	307
新加坡	567
塔吉克斯坦	28
中国台湾	147
泰国	903
土库曼斯坦	20
越南	215

欧洲	17 100
德国	2097
奥地利	119
比利时	229
保加利亚	104
克罗地亚	61
丹麦	205
西班牙	1253
爱沙尼亚	12
法国	1085
芬兰	342
格鲁吉亚	26
希腊	176
匈牙利	221
爱尔兰	195
以色列	96
立陶宛	50
意大利	1029
拉脱维亚	19
北马其顿	21
挪威	142
荷兰	754
波兰	602
捷克	240
葡萄牙	154
罗马尼亚	1257
英国	2091
俄罗斯	1231
斯洛文尼亚	33
塞尔维亚	156
瑞典	609
乌克兰	323
土耳其	1872
瑞士	296

非洲	10 932
南非	1691
阿尔及利亚	586
博茨瓦纳	44
刚果（布）	82
埃及	2392
埃塞俄比亚	193
加纳	708
肯尼亚	486
摩洛哥	534
毛里求斯	134
纳米比亚	19
尼日利亚	3133
乌干达	238
坦桑尼亚	217
突尼斯	305
赞比亚	170

中东	6792
沙特阿拉伯	2149
巴林	364
阿联酋	1184
伊拉克	291
伊朗	1016
约旦	314
科威特	461
黎巴嫩	133
卡塔尔	231
阿曼	277
苏丹	372

拉丁美洲	8652
阿根廷	488
玻利维亚	188
巴西	1959
智利	409
哥伦比亚	1153
哥斯达黎加	208
厄瓜多尔	300
危地马拉	207
牙买加	46
洪都拉斯	150
墨西哥	2269
尼加拉瓜	19
巴拿马	200
巴拉圭	96
秘鲁	476
萨尔瓦多	102
乌拉圭	46
委内瑞拉	336

北美	3695
加拿大	1165
美国	2530

华为全球员工分布[1]（按领英注册地国家／地区排列）

　　薪酬方面，华为沿用了大型 IT 公司的薪资等级。华为成立的前十年，就已经是全中国工资最高的企业之一。如今，根据 2018 年年报，华为员工的平均基本工资（工资总额除以员工总数）为 59.8 万元人民币，约合 77 725 欧元。此外，员工还能享受丰厚的奖金和股息，这部分收入甚至可与年薪相当。对于薪资，任正非说道："员工们必须清楚地感受到他们的

---

1 https://www.huawei.com/fr/about-huawei/sustainability/win-win-development/develop_love

贡献都会得到回报，这样才能促进他们彼此竞争，你追我赶。"

业绩是评估的唯一指标。华为在 21 世纪第一个十年中期就制定了严格的绩效评估标准，促使员工无论年龄大小，必须为晋升努力。此处还有一个小插曲，有一天，华为一位年轻工程师与摩托罗拉的管理人员开会时，后者说："我进公司时你还没有出生。我在行业内不间断地打磨了 30 年，却从未想过有朝一日会被一家如此年轻的公司，一个如此年轻的团队所超越。"仅十年之后，这位年轻的工程师成了拥有 1 万名员工的华为上海研究中心的研发经理。

在职业发展方面，公司提供内部的双重晋升原则，员工在职业生涯的不同阶段都可以在技术岗和管理岗之间切换。而对中国员工而言，还有一个重要的晋升杠杆，就是外派至非洲和中东等艰苦地区。公司承诺，完成任务回国后，即可得到晋升。外派期间，员工也能享受到良好的生活待遇，例如高质量的住房、报销家人每年两次的往返机票等。

然而，金钱不是促进华为蓬勃发展的唯一因素。分享的理念、合作的文化以及员工的参与感也是至关重要的。盖洛普公司（Gallup）在 2009 年至 2012 年间进行的一项调查显示，85% 的华为员工觉得自己工作得很投入，而中国平均水平只有 6%。

华为是一家有远大梦想的企业，需要能共享其价值观和雄心壮志的员工。员工甚至可以为了公司牺牲个人。华为某子公司的总裁说过："我们不提倡机会主义。我们的团队专注于项目本身，喜欢搞政治的人在这里待不了多久。脱颖而出的，是那些勤奋工作的人和理想主义者。"

水土不服的情况时有出现：曾经的诺基亚营销天才在华为只停留了不到 6 个月。热烈的工作氛围、无悔的投入、对成果的回报……华为的企业文化或许并非人人都能够适应，但在这里，人们有可能实现辉煌的事业。

持续的自我赋能
传递知识的华为大学

任正非出身教师家庭，对他而言，持续学习是极其重要的。父亲任摩逊经常说："知识就是力量。"任正非从小就将这句话作为座右铭，创立华为后，他又推动建立了华为大学，培养员工和合作伙伴。

和其他项目一样，华为大学也经历了快速的发展过程。华为大学创立于 2005 年，坐落于深圳总部，占地面积 20 多公顷，绿化覆盖率达 85%，与巴黎凡尔赛门国际展览中心的面积相当。华为大学共开设 2500 门课程，校园共有 100 余间教室，可同时容纳 5000 名学习者。其中包括一间 700 平方米的实验室和约 1 万平方米的机房，均配备了最先进的设备，仅软件和 IT 设备就花费了 1.5 亿欧元。

> 这里是进行岗前培训的良好场地，所有的中国员工，无论级别高低，入职后都要在这里进行至少 2 周的系统学习。

华为大学的创办宗旨是让人学习公司的理念，了解产品和发展战略，从宏观上把握公司的价值观。华为大学向客户以及全球合作伙伴开放。华为的一些内部资料中曾提道："确保客户的成功,就是保证我们自己的成功。"

在校园之中,我们能充分体会到华为的一大核心价值:开放的思想。任正非,一个永远的学习者,对历史、建筑等学科都兴趣盎然,他经常向管理层推荐著作、电影和电视剧,这些内容虽然与业务无关,但总能予人灵感。例如,他非常喜欢电视剧《身份的证明》(*Proof of identity*)和战争片《不过是声再见》(*Ce n'est qu'un au revoir*)。同样,在华为大学,除了实操性极强的课程之外,还开设很多涉及广泛领域的课程,以激发学员的好奇心,鼓励以开放心态培养和接受不同文化。学员可以参加关于基督教起源、西方艺术、希腊神话或中国传统医学的课程。在这里,可以同时接受传统中国文化和西方文化的熏陶,这也是华为一直以来对员工的期待。

学习之余,校园也是上佳的生活场所。校园内有多家咖啡厅,游泳馆,多家健身房和KTV,以及为不同宗教信仰的人士设立的祈祷场所,每个人都能在上课学习之余,消遣自由时光。校园里也提供住宿。

以研发为
发展核心要素

持续大规模投入研发
以业务为导向的"针尖"战略

创新 · 技术资产 · 聚焦的艺术

在创办初期，自华为决定自行生产电话专用自动交换分机而非购买进口设备之日起，研发就是华为的重中之重。任正非知道，置身于竞争极其激烈的市场，先进的技术是拉开与对手差距的关键。1993 年，华为集全公司人力、财力资源，开始研发新型专用自动交换分机。任正非的这个赌注风险极大，但最终的收获同样巨大。华为的 C&C08 专用自动交换分机大获成功，为华为扩大了本土市场份额。

> 任正非喜欢用钉子来比喻他所谓的"针尖"战略。一枚钉子，虽然很细，但之所以能够穿透坚硬的表面，是因为它将所有的力量集中在了尖端。

如果将这个战略运用在更广泛的研发上，便是将大规模的投资集中在一个领域，而不是分散力量寻求多元化，以此增加单一领域的冲击力。正是因为专注于核心业务，华为没有在技术上落后，始终向高标准看齐。工程师更加专业，对研究的主题了解越来越深入，业绩也因此越来越突出。

在单一方向深耕是提高技术附加值的核心，这是真正的"聚焦艺术"。华为甚至不惜舍弃一些与专注领域相冲突的业务。例如，在 2001 年将子公司华为电气出售给全球电子产品供应商巨头艾默生，以及在 2019 年，将主营海缆通信网络建设的华为海洋网络有限公司的 51% 股权出售给了亨通光电有限公司。

　　为践行这项战略，华为投注了大量资源。每年，华为投入至少 10% 的营业额用于研发，2014 年时，这一数字甚至接近 15%。

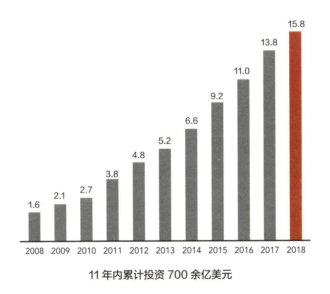

11 年内累计投资 700 余亿美元

华为 11 年间研发投入资金金额（单位：十亿美元）

　　2018 年，华为研发投入总额超过 128 亿欧元（约合 1000 亿元人民币），位列全球第五：

投资额（百万欧元）

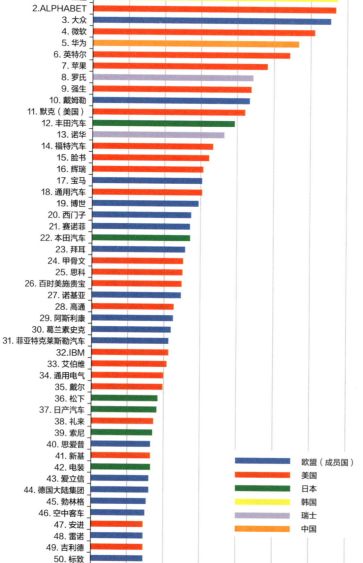

图例	国家
蓝色	欧盟（成员国）
红色	美国
绿色	日本
黄色	韩国
紫色	瑞士
橙色	中国

排名：
1. 三星
2. ALPHABET
3. 大众
4. 微软
5. 华为
6. 英特尔
7. 苹果
8. 罗氏
9. 强生
10. 戴姆勒
11. 默克（美国）
12. 丰田汽车
13. 诺华
14. 福特汽车
15. 脸书
16. 辉瑞
17. 宝马
18. 通用汽车
19. 博世
20. 西门子
21. 赛诺菲
22. 本田汽车
23. 拜耳
24. 甲骨文
25. 思科
26. 百时美施贵宝
27. 诺基亚
28. 高通
29. 阿斯利康
30. 葛兰素史克
31. 菲亚特克莱斯勒汽车
32. IBM
33. 艾伯维
34. 通用电气
35. 戴尔
36. 松下
37. 日产汽车
38. 礼来
39. 索尼
40. 思爱普
41. 新基
42. 电装
43. 爱立信
44. 德国大陆集团
45. 勃林格
46. 空中客车
47. 安进
48. 雷诺
49. 吉利德
50. 标致

2018 年全球企业研发投入排行

　　华为是唯一进入前 50 的中国企业。研发投入最多的法国企业是赛诺菲（Sanofi），排名第 21 位。

　　2007 年至 2016 年间，华为研发投入累计达 3130 亿元人民币（约合 405 亿欧元）。即使在危机时期，尤其是 2001 年，在互联网泡沫破裂后的"电信寒冬"，华为的研发投入仍保持在 30 亿元人民币（约合 3.8 亿欧元），同比增加 5 个百分点；而当时，华为的竞争者们几乎无一例外地降低了研发投入。

　　2018 年，全球研发投入最多的企业是韩国三星，投入总额为 134 亿欧元。这与三星在当年进行的产品系列扩充有直接关系。2018 年，三星宣布将在 3 年内投资 1.1 万亿元人民币（约合 1435 亿欧元），其中 196 亿欧元用于与华为相竞争的领域，如人工智能（三星在该领域投入了 1000 位工程师）、自动驾驶以及 5G 领域。所以，华为绝不能放慢脚步。在未来十年，伴随着 5G 架构的推进以及从 2030 年开始部署的 6G 网络，视频、云及网络安全等领域将持续发生变化。

　　2018 年，华为共有 8 万名研发员工，分布于全球 16 个研发中心和 28 个联合创新中心。各地研发或联合创新中心分别专注于不同领域：硅谷——5G 和云；墨西哥城——"安全城市"[1]；法国——基础数学；印度班加罗尔——虚拟化网络。而华为设在上海的研发中心占地超过 22 万平方米，工程师人数超过 1 万人。

　　此外，在深圳以北 30 公里处，华为新设了东莞松山湖校区。新校区于 2018 年 3 月落成，建设成本超过 100 亿元人民币（约合 13 亿欧元）。这

---

1 安全城市的目标可分为三点：减少犯罪（通过视频监控等）；增强居民的安全感；保护城市免受计算机攻击，防止公共或私人数据泄露。

项工程是东莞市转型的标志，2012 年前，东莞一直以塑料加工业为主要经济发展点。

　　新校区绵延 1.4 公里，最多可容纳 2.5 万人（2019 年已进驻 1.7 万），校园氛围彰显了华为开放的精神，整体好似欧洲缩影，包括充满意大利、比利时弗拉芒和法国风情（校园中模仿设计了法式大学城，建有勃艮第式的回廊）的 12 座"虚拟城市"，火车铁轨从中穿行而过，年轻的工程师三五成群，他们的家人只需预约即可前来探望参观，气氛与普通大学校园无异。任正非希望新校区能够激起员工周游全球、开放包容的意愿。华为大学建立了学术与华为生产链之间的直接联系：研究须与工业应用紧密结合。

位于东莞的华为大学校园景观

持续大规模的研发投入是华为增长与成功的支柱，也使华为在 2018 年成为全球专利申请数量最多的企业。截至 2018 年 12 月 31 日，华为共申请 87 805 件专利，其中 44 434 件在海外申请（11 152 件在美国申请），主要针对无线网络、光纤网络以及智能手机。

仅 2017 年一年，华为共向世界知识产权组织（WIPO）[1] 申请 4024 项专利。

中国

华为技术有限公司　　中兴　　京东方
4024　　2965　　1818

美国

英特尔　　高通
2637　　2163

日本

三菱电机　　索尼
2521　　1735

韩国

LG 电子
1945

瑞典

爱立信
1945

■ 电信公司

全球专利申请数量最多的五个国家

---

1 总部设在日内瓦，是联合国系统管理专利、工业产品外观设计和商标的专门机构。

前五位国家／地区的申请量之和占全球总申请量的 85%

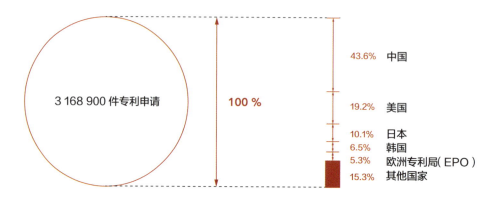

	43.6%	中国
3 168 900 件专利申请　　100 %	19.2%	美国
	10.1%	日本
	6.5%	韩国
	5.3%	欧洲专利局（EPO）
	15.3%	其他国家

全球专利申请数量最多的五个国家／地区申请量占全球申请量比重

　　但华为的战略是明确的：研发方向必须完全由市场需求驱动，要么是客户明确表达的需求，要么是预期能够推动技术进步并成为未来制胜法宝的需求。举例而言，2008 年，华为率先开始 5G 技术研发，同样是本着"以客户为中心"的理念，而非为了技术本身进行投资。企业有时也需要谨慎，不能过于超前，以免生产了性能极佳但不符合客户期望的产品。例如富士通和日本电气股份有限公司，就是在专用自动交换分机开始普及之后，才继续投入研发模拟专用自动交换分机。

　　2019 年 4 月，华为战略研究院院长徐文伟宣布将进行研发战略的范式转换，消除 "科学瓶颈"，从创新 1.0 迈向创新 2.0。他说：华为创新 1.0 是基于现有的理论和技术资源，满足客户需求。香农定理（Shannon's theorem）[1] 在 1948 年就为 5G 提供了理论基础，1965 年问世的摩尔定律

---

1 在信息论中，香农定理给出了在存在信噪的情况下，信息在给定带宽的通信信道上传输的最大速度。

（Moore's Law）[1]认为，当价格不变时，集成电路上可容纳的元器件的数目，约每隔 18 个月便会增加一倍，性能也将提升一倍，但如今摩尔定律已不再适用。理论研究领域也正在取得进展，我们需要新的科学设备来支持下一代工业应用。战略研究院将与学术界合作，主攻底层技术，每年投入资金 2.67 亿欧元。优先研发领域包括光速计算、DNA 存储以及异构计算。研发仍然是技术战的核心。

---

1 摩尔定律是关于计算机的计算能力和硬件的复杂性之间的经验定律。通常认为，处理器的功率、容量和速度每 18 个月增加一倍。

从行万里路中获取灵感
将所学运用于实践

学习探险 · 外派 · 基准

从早期开始，开放的理念就已注入华为的基因。开放是华为发展的杠杆之一，外部发生的事务可以成为内部动力的来源。对于 20 世纪 90 年代的中国企业，这样的理念相当前卫。华为的管理团队多次奔赴世界各地进行研究访问，员工也在全球范围内不断流动，这也是华为开放理念的体现。

如上文所述，创始人任正非分别于 1992 年和 1997 年赴美国进行学习考察（详情见第 24—25 页），这两次的旅程给予任正非及其团队深刻启示。宽敞的企业园区、拥有前沿技术的科技巨头、贝尔（Bell Laboratory）等企业实验室的超前科研能力等，让他们感受了美国文化的力量，卓越的科研生态（大学生、博士）、硅谷企业的雄心壮志、高效的融资体系，共同催生了野心勃勃的企业家，在他们看来，这些人是真正的 "当代英豪"。

然而，在探访过程中，华为代表团的成员们也意识到企业的脆弱性，即便是那些光芒无限的成功企业也不例外。王安电脑[1]的例子让他们印象

---

1 美国王安电脑是马萨诸塞州的一家计算机公司，由王安博士于 1951 年创立。王安博士是文字处理机领域的先驱人物，曾经打造出当时性能最好的文字处理机。20 世纪 70 年代后期，该公司推出 WANG VS 小型计算机系列。20 世纪 80 年代，王安电脑错过了个人电脑黄金发展期。1992 年，该公司宣布申请破产保护。重组后，以 Wang Global 为名，成为一家服务公司。之后于 1999 年被荷兰 Getronics 公司收购。

深刻：王安于 20 世纪 70 年代发明了当时最先进的处理器，1985 年，他位列福布斯富豪榜，却因错过了个人电脑的发展转折点，在 1992 年宣告破产。这类现象似乎正在加速：20 世纪 60 年代"出生"的企业 5 年生存比例超过 90%，而 20 世纪 90 年代"出生"的企业 5 年生存比例仅为 66%。[1]

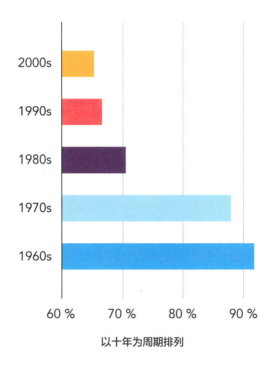

以十年为周期排列

美国新企业五年生存率[2]

1 Vijay Govindarajan–Anup Srivastava, «Strategy When Creative Destruction Accelerates», 2016.

2 https://papers.ssrn.com/sol3/Delivery.cfm/SSRN_ID2836135_code375681.pdf?abstractid= 2836135&mirid=1

华为的高管们永远铭记，在不断变化的市场中，没有什么是确定的。大型企业的管理和创办流程也是他们关心的话题之一。

> 即使他们认识到，华为已经拥有了一支与美国企业相当的、不知疲倦的工程师和程序员团队，但他们的工作效率远不及美国企业。招聘方式、流程、组织等方面亟待改进。

反思过后的华为启动了一场针对整个组织的深刻变革，在随后近20年的时间里，华为采取IBM的建议，在尊重中国企业文化的前提下，学习、适应和整合美国的方法（详情见第41—42页）。正如任正非所说："借鉴好的点子是好事情。既然西方的管理模式和技术已被证实是有效的，为什么不学习他们呢？"

20世纪90年代的海外学习探险为华为指明了道路，在过去20年里，华为向世界各地派驻了数万名中国员工。[1]让员工体验不同文化的碰撞，了解不同的工作哲学和生活、饮食习惯等，也是华为的企业文化体现。

华为要求所有在海外的中国员工用英语交流，对于推动交流的决心可见一斑。这在中国企业并不常见，但在其他国家却并不鲜见，例如日本乐天（Rakuten），业务遍及全球70个国家，再如法国的空客（Airbus）、雷诺（Renault）以及施耐德电气（Schneider-electric）。[2]语言氛围是迅速提高语言技能、与外籍同事建立联系的关键。

---

1 覆盖170余个国家。

2 https://www.hbrfrance.fr/content/uploads/2014/11/HBR_Decembre-Janvier2015_businessinternational.pdf

积极参与行业标准制定
参与国际规范和标准制定，并从中获益

联盟 · 标准 · 知识产权

近十年来，依靠国际社会对其技术投入的认可，华为始终积极参与新规范和新标准的制定。华为在电信以及更广泛的 IT 领域占据领导地位，各国际组织、机构以及同行们均认为华为在行业内具有权威性。

华为是 400 余家协会、联盟和开源社区的活跃成员，其中包括工业互联网联盟（IIC）、宽带论坛（BBWF）和无线世界研究论坛（WWRF）。

华为积极参与 5G、人工智能、物联网、云、网络安全、个人数据保护等尖端新兴主题的交流。以 5G 为例，华为可谓全球首个为该技术做出贡献的企业，共获得 1100 余项专利，出席 2000 余次筹备会议，远超欧美同行。

华为已拥有全球 20% 的 4G 相关专利以及 15% 的 5G 相关专利。

华为参与的全球标准化和合作组织事务

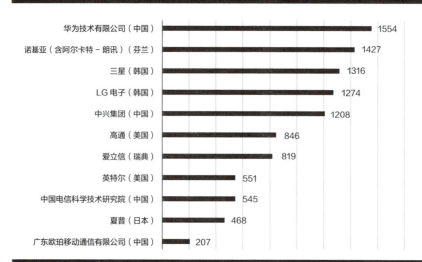

机构	数量
华为技术有限公司（中国）	1554
诺基亚（含阿尔卡特 – 朗讯）（芬兰）	1427
三星（韩国）	1316
LG 电子（韩国）	1274
中兴集团（中国）	1208
高通（美国）	846
爱立信（瑞典）	819
英特尔（美国）	551
中国电信科学技术研究院（中国）	545
夏普（日本）	468
广东欧珀移动通信有限公司（中国）	207

2018 年全球持有 5G 专利最多的十一家机构 [1]

---

1 https：//premiercercle.com/news/who-is-leading-the-5g-patent-race

这些主题对于未来若干年至关重要，华为急需建立思考和行动框架。因此，华为于 2018 年与欧洲电信标准研究所（ETSI）展开密切合作，参与标准确立，推进在欧洲大陆建立连贯的企业生态系统。华为还是全球移动通信系统协会、网络 5.0 产业和技术创新联盟、汽车协会、边缘计算产业联盟（ECCE）等全球最主要的电信产业协会的成员，与这些协会合作进行了 20 余项与产业数字化相关的项目。

华为做了大量的工作和投资，参与国际规范和标准制定。2008 年，华为宣布资助埃达尔·阿里坎（Erdal Arikan）博士关于极化码[1]的研究工作，该研究在很大程度上促进了 5G 技术的发展。阿里坎博士在 2018 年评论道："如果没有华为的贡献，极化码不可能在不到 10 年的时间里完成从实验室设计到标准模型的转换。"

这就是华为参与规范和标准制定的全部意义：加快新技术的上市，推动组织、机构和公众采用新技术，并在制定过程中融入华为的愿景。华为希望在全球范围内的技术标准化过程中占据首要位置。

----

1 在信息学理论中，极化码是由埃达尔·阿里坎（土耳其安卡拉比尔肯特大学电气与电子工程学教授）于 2009 年发现的一类纠错码。这类纠错码可以使未搭载对称存储器的信道以有效方式达到信道容量。具备这一特点的极化码成为了学术研究、工业应用及 5G 等电信网络领域的热门技术。

推行敏捷
管理，实现
权力共享

决策共享
平衡精神领袖与指挥官的双重形象

带团队的艺术·榜样·软技能与硬技能

任正非

　　在谈到华为的命运时，就不得不提到创始人任正非的经历。他独自塑造了华为的灵魂、愿景和哲学（详情见第4—13页）。

　　他是如何坚持下来的呢？作为一个大器晚成的企业家，电信市场是与他的野心相匹配的战场。他是颇具人格魅力的领导者，可以称之为中国的史蒂夫·乔布斯（Steve Jobs）。他将全部心血献给了事业，不得不牺牲家庭生活。他时常写作，旁征博引，并经常做些注释。他曾两次罹患癌症，但病魔并没有叫停他与刁钻对话者的谈判，也没有阻止他在全球范围内访学。他兴趣广泛，爱好建筑和欧洲艺术，这一点在华为园区的设计中有所体现。他真正做到了以身作则，2016 年，一组照片在互联网上疯狂传播，照片中的任正非和成百上千的旅客一样，在机构排队等候出租车，这充分展示了他接地气的商业大鳄形象。[1] 这对年轻一代很有吸引力，也是争抢年轻人才的一种制胜法宝。

但有时，他近乎军事化标准的要求会让人觉得他有些"专制"，在等待工作成绩时，他总是缺乏耐心。任正非与高管在一起时，是绝不会妥协的，但同时，他对低阶员工的关怀也是出了名的。

他是一个复杂的人，也正是他创造了华为特有的双面企业文化。

我们可以这样理解这种双面文化：一方面，任正非是公司无可争议的领导者，但他通过员工持股的方式与所有员工共享股份与权力。员工持股是在华为成立之初就确定的制度，目的是让团队全员共担公司责任。

有一天，当有人提出他可能会被自己的员工解雇时，任正非狡黠地回答说："如果他们能做到这一点，那是一件好事，这说明公司已经成熟了！"

任正非读过吉姆·布莱斯科（James A. Belasco）和拉尔夫·斯德尔（Ralph C. Stayer）合著的畅销书《水牛的腾飞》[2]。书中提倡赋予员工权力，实现员工自主，让他们参与公司的运作。在 21 世纪第一个十年的电信危

---

1 https://www.scmp.com/news/china/society/article/1936851/down-earth-chinese-tycoon-renzhengfei-becomes-internet-sensation

2 James A. Belasco, Ralph C. Stayer, *Flight of the Buffalo: Soaring to Excellence, Learning to Let Employees Lead*, Grand Central Publishing, 1994.

机中，他设想了一种不依赖于某个个体的协同领导体系。如今的任正非是这样描述自己的使命的："在所有华为人中，我做的事情最少，我不处理具体问题，对权力的期待和执念最小，我只是想为每个人的发展创造一个有利的环境。"[1]

虽然有过分谦虚的嫌疑，但任正非总喜欢说自己对技术、财务甚至管理都知之甚少，他强调，他真正的附加值是让人们一起工作，创造一种集体精神。

> **软技能与硬技能结合，共同塑造了任正非的管理风格。软技能包括合作、凝聚力、奉献精神，而硬技能包括追求极致、发展竞争意识以及注重结果。**

危机当头，任正非总是冲在第一线，精神领袖和指挥官的形象在此时至关重要。2018年起，华为与美国纠纷不断，在媒体前素来低调的任正非接受包括中国中央电视台、中国国际电视台等国内媒体以及哥伦比亚广播公司（CBS）、美国消费者新闻与商业频道（CNBC）、彭博新闻社（Bloomberg）、《时代》（*Time*）、英国广播公司（BBC）和法国《观点》（*Le Point*）等重要国际媒体的多次采访。

---

1 Yang Shaolong, *Huawei, une success story à la chinoise*, Nuvis, 2016, p. 161.

管理团队的轮值体系
轮值管理下的组织平衡

2019 年的华为董事会

　　近 20 年来，华为一直实行轮值管理原则，由三名首席执行官同时负责公司管理，每人任期 6 个月。这一原则的宗旨在于确保公司管理层能够公平地代表销售、市场、产品、运营、财务、伙伴关系和人力资源这七个主要部门。

　　而事实上，正是由于缺乏部门间的平衡，华为才于 2000 年年初推出了这项管理原则。研发和市场部门占据主导地位的情况必将影响公司业绩，同时，采购、供应链管理等素来被认为是战略意义较低的部门，由于缺乏组织而效率低下，也将对公司整体造成巨大伤害。

华为管理层的任命方式相当独特：代表委员会的 115 名成员（由 96 768 名雇员选出）投票产生董事会、1 名董事会主席和 16 名管理委员会成员。管理委员会选举产生 4 名副董事长，其中 3 名为执行董事。3 名执行董事在管理委员会的支持下进行轮值，每位轮值董事长的任期为 6 个月。

首席执行官、董事长、轮值首席执行官……华为的组织结构并不是典型的企业组织结构。需要注意的是，中国企业与欧洲企业不同，职位名称并不具有固定意义，与其说是对决策水平或董事会参与程度的描述，不如说是对经验的认可。

就像国家管理一样，华为的"治理"方式可以加强部门间合作，消除不平等现象。

华为的治理结构

任正非喜欢用候鸟迁徙来解释华为的轮值体系。当鸟群以 V 字形飞翔时，领头的鸟要独自面对气流，承担最重的责任，因此领头的鸟要经常更换。

每位轮值董事长各有所长：胡厚崑先生擅长人力资源管理，郭平擅长金融，徐直军擅长技术。此外，这个组织结构中还包括两个重要岗位，其一是董事长，由梁华担任，肩负华为"全球大使"的责任；其二是副董事长（非轮值首席执行官），由首席财务官孟晚舟担任，以确保财务工作的连续性。任正非扮演着更具代表性的角色。

轮值体系确保了管理层的定期更新，以保持活力和战斗力。

　　创建这一体系的另一个初衷，则是为了杜绝出现由个别人决定华为命运的现象。在发展的这个阶段，华为已经成为本土行业的领导者，正在全球范围内不断扩张，必须克服摆脱对某些个体的依赖。华为需要找到合适的组织和流程以实现企业的自主发展。集体领导原则也可以作为一种保障，防止一个人做出错误的决定。任正非在 2002 年说道："新的决策体系结束了华为个人决策时代。如果我们想建立一个健康的组织，一个不依赖任何个人的组织，我们必须排斥个人权威。"

　　轮值制度沿用至今近 20 年，这是其有效性的最佳证明。有人指出，轮值制度的主要目的是让任正非保持真正的领导地位，让他能够评估管理层其他人的能力，以便选定未来的接班人。时至今日，华为的接班人仍是众人热议的话题，但目前看来，交接仍需时日。

持续优化内部流程
持续践行和优化管理方法

审计 · 流程 · 转化

　　很快，任正非和团队就认识到需要将IT巨头的运作方式引入组织之中。正如任正非所说："只有学习大公司的做法，我们才能避免许多弯路，降低开支。"要在激烈的市场竞争中推进国际化进程，华为没有时间可以浪费。20世纪90年代中期，华为陆续与各大公司开始合作，埃森哲、合益（专注人力资源）、思爱普和甲骨文等企业及时施以援手，帮助华为克服增长危机，加速重组。若干项目成功结束，这些项目共同带给华为的影响，远比单个项目深远。

　　1998年，IBM担任起华为转型改革的设计师。当时，华为高管进行了长时间的辩论，要在IBM和思科之间做出选择。最终，几个有利论据一致偏向IBM：首先，管理层认为IBM高度程序化和流程化的工作方式，非常适合中国员工；其次，IBM坚定推行以客户为中心的流程，这也符合华为的文化；此外，IBM时任首席执行官郭士纳（Louis Gerstner）坚定、勇敢和谦虚的品质业内皆知，任正非也十分注重这些品质。最后，IBM当时已经进驻中国，拥有熟悉、尊重华为文化和身份的中国籍顾问。

任正非挑选顾问非常严格，除了必须是中国人之外，还要求具备具体的企业管理经验。

IBM 帮助华为实现的第一个项目为集成产品开发，这彻底改变了华为的研发流程。该项目耗费了 18 亿欧元，持续了整整 5 年，但这个改变是必不可少的。20 世纪 90 年代末，华为的开发流程表现欠佳。当时 IBM 的研发投资回报率是华为的 6 倍。在华为，研发项目是应市场和业务需求而启动的。更糟糕的是，公司运转十分分散，导致研发了 10 余种功能相似的产品，这大大降低了效率。

第二个转型项目重点关注物流环节，该项目于 2000 年启动。之后是财务和人力资源管理流程的转型。华为平均每年在这些领域的投资占总营业额的 2%。

而在华为内部，管理层对这些转型持保留意见和质疑态度，但任正非并不在意，他反复强调："要削足适履，穿'美国鞋'。"他用这种方式来提醒华为人，转型志在必得，不容置疑。从邮件到跨部门会议的模板，都必须遵守 IBM 的工作流程。

IBM 任务取得的成果是令人信服的。华为产品研发周期从 2003 年的 84 周降低至 2007 年的 54 周。客户满意度的重要指标——退货率从 2001 年的 17% 降低至 2006 年的 1.3%。

另一个积极的影响则是，华为引入西方管理模式也迎来了更加光明的国际化前景。也正因此，华为拿下了 2014 年英国电信在亚洲的订单。

华为与 IBM 的合作持续了多年，除了合作，还有相互影响。2008 年年底，在一次由 50 名华为高管和 150 名 IBM 高管共同出席的晚宴上，华为副董事长说道："虽然这种伙伴关系最初只是一次咨询服务，但它深刻地改变了我们的整个组织，增强了我们的国际竞争力。"

成为行业领导者，成为一家实现全面互联、以高效业务为导向的智能企业

目标：
- 具备用户思维，促进流程优化
- 在内部实行 ROADS 方法，即实时性（Real-time）、按需定制（On-demand）、全在线（All-online）、自助服务（DIY）和社交化（Social）
- 在总部开发开放平台和统一数据库
- 根据目标受众和客户的特点重新组织各地分公司

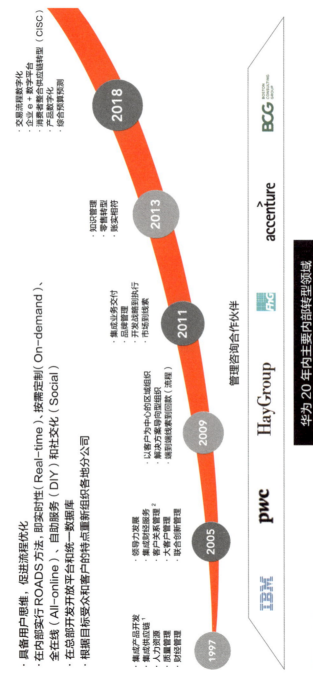

1997
- 集成产品开发
- 集成供应链[1]
- 人力资源
- 质量管理
- 财经管理

2005
- 领导力发展
- 集成财经服务
- 客户关系管理[2]
- 大客户管理
- 联合创新管理

2009
- 以客户为中心的区域组织
- 解决方案导向型组织
- 端到端线索到回款（流程）

2011
- 集成业务支付
- 品牌管理
- 开发战略到执行
- 市场到线索

2013
- 知识管理
- 零售转型
- 账实相符

2018
- 交易流程数字化
- 企业 e + 数字平台
- 消费者整合供应链转型（CISC）
- 产品数字化
- 综合预算预测

管理咨询合作伙伴

IBM　pwc　HayGroup　AiC　accenture　BCG BOSTON CONSULTING GROUP

华为 20 年内主要内部转型领域

1 指通过企业资源计划进行供应链管理的方法。企业能够通过集中式系统管理其与所有供应商的关系，以及分销和物流活动，而无须在组织内拥有多个系统。

2 汇集了所有旨在优化客户关系质量、保持忠诚度以及最大程度提高单个客户营业额和利润额的营销和支持机制。

视未知为力量
化危机为重生

团队建设 · 危机管理 · 领导力

任正非始终具有危机意识，他认为公司随时可能陷入危机。与其说这是悲观主义，不如说是受到道家文化的影响，认为世事无常。任正非认为："华为将不可避免地经历危机、衰落和破产，每个人都必须为此做好准备。我始终确信这一点，因为这是历史的进程。"

他曾经说过，华为需要经历三代才能跻身世界 500 强。不是三代老板，而是三代员工，以及在这个过程中随时可能发生的重大危机，甚至是"小死亡"。

从这个角度来说，21 世纪初期的确是一段十分艰难的时光。华为接连受到互联网泡沫破灭的冲击，紧接着又遭遇思科事件。面对两种不同的局面，华为做出了不同应对。

面对第一种情况时，华为的策略是在市场复苏之前保持耐心。这不仅仅是等待，华为利用这段时间重新审视了组织和管理流程，以期提高业绩。

而在思科事件中（详情见第 53—55 页），除了拿起法律武器之外，还必须给予还击。华为与思科老对头 3Com 结盟，推进华为产品在美分销。

在这些关键时刻，华为团队的团结精神发挥了重要作用。强大的企业文化，让每一次危急关头变成了团结互助的高光时刻。

华为的第三次危机始于 2018 年年底。身处中美技术战中心的华为，首先接到了首席财务官孟晚舟（任正非之女）被捕的消息。周复一周，质疑的声音接踵而至：招投标取消、专家报告、安全漏洞、用户数据泄露、列入贸易管制黑名单，一系列媒体报道把华为塑造成一个让西方企业避之不及的合作伙伴（详情见第 90—91 页）。

> 直到今天，在 30 多年的经营历史中，华为始终致力于自我更新。但是，如果第三次危机能以对华为有利的方式结束，任正非则非常确定，总有一天，会有另一场危机致使华为举步维艰：那就是满足于现状，失去为创新而奋斗的动力。

尽管任正非也承认第三次危机十分严峻，但从一定程度上说，他早有预料，因而他在 2012 年提出研发能够最终取代安卓的华为"自研操作系统"：鸿蒙系统。但没有安卓，华为就无法进入西方消费者使用的应用生态系统，其市场地位也会因此岌岌可危。对华为来说，鸿蒙系统面临的挑战是与全球开发者社区对接，尽快上线与安卓应用商店同样数量的应用。

认识到危机发生的可能性是防范危机的最佳方式。

这让我们联想到亚马逊，杰夫·贝佐斯（Jeff Bezos）在 2017 年年底说道："只有足够灵活和健壮，才能承受冲击，必须快速创新，快速发展。我们必须永远向前看。如果我们偏离未来，未来就会颠覆我们。"[1]2019 年，

---

1 https://www.lesoir.be/176702/article/2018-09-04/jeff-bezos-est-lhomme-le-plus-riche-du-monde

贝佐斯对员工们说："总有一天，亚马逊会失败……一家公司，无论多么强大，都不是不朽的，企业的平均寿命是 30 年到 40 年。"

任正非与贝佐斯这两位企业家的理念十分相似。

充分履行社会责任
投身慈善活动，参与地区事务

企业社会责任·电子包容·碳足迹

为了体现其作为全球新技术领军者的愿景，也为了履行作为全球企业的社会责任，华为采取了一系列措施，并做出相应承诺。

首先，除了维护战争、地震、恐怖袭击等极端情况下的通信服务外，华为致力于在连接世界最偏远地区方面发挥积极作用。根据国际电信联盟和全球移动通信系统协会的数据，全球约 66.3% 的家庭尚未接入互联网，很多人无法使用移动网络。基于此，华为启动了 RuralStar 项目，建设太阳能发电的电信基站，实现"无电"通信。该项目已在中国、尼日利亚、印度尼西亚、南非等国家建立了 110 多个 RuralStar 基站。

但华为的帮助并不仅限于针对欠发达的国家。自 2011 年以来，华为一直与法国电信监管机构电子通信与邮政监管局（ARCEP）[1] 合作，为法国已经认证的 4000 个网络空白区域提供网络覆盖。在 8 年的时间里，华为与当地运营商合作，为超过四分之三的偏远地区实现了高清移动网络覆盖。

---

1 负责监管法国电子通信和邮政的独立行政机构。

在承担社会责任的同时，华为也注重环境保护问题。自 2000 年以来，华为始终心系环保。2008 年，汉诺威工业设计论坛（iF Industrie Forum Design）为华为颁发 iF 奖，以表彰其为环保所做的创新贡献。华为的环保意识也表现在旧智能手机的回收上，华为手机回收率很高。在降低设备的能源消耗方面，华为也做出了切实努力。

2019 年 7 月，公司宣布其 5G 基站能耗比行业平均水平低 20%。

华为坚信，技术进步伴随并推动社会进步，因此华为深圳公司创建了专属的创业孵化器。2008 年，"未来种子计划"启动，致力于培养本地信息技术人才，以优化知识传递，打造信息及通讯科技生态系统。

此外，华为法国公司还在艺术领域有所建树。2018 年，华为与巴黎歌剧院（Opéra de Paris）签署了合作协议，共建数字学院，以促进作品的传播和共享。这一次，华为向世人展示了如何利用人工智能技术进行艺术创作：在对舒伯特第八交响曲中的第一和第二乐章进行分析后，为这首未完成的音乐作品续写了结尾。

华为积极参与社会公益活动

想客户所想，
是华为一切行动的
出发点

充满激情的团队
不懈奋斗的团队和"床垫文化"

有一天，一位美国老板问任正非：华为在短短 30 年的时间里就成了全球电信巨头之一，他的秘诀是什么？任正非笑着解释说："事实上，我们花了 60 年的时间才达到今天的成就，因为我们的工作时间比普通人长一倍！"

通过这件事，我们能够看出华为的员工有多么勤奋。在 BATX 等中国互联网大厂，"996"（早上 9 点上班，晚上 9 点下班，每周工作 6 天）是常见的作息，但一味延长工时并不一定能够创造出杰出的业绩。

华为走得更远。华为员工的勤奋并不仅仅是靠工作时间来体现，更重要的是他们自发地遵循"以客户为核心"的企业文化。这种企业文化一直被称作"床垫文化"，几乎与公司同时诞生：早期，华为的工程师小团队充满热情、夜以继日地研发"华为自研"电话专用自动交换分机时，公司就购入了一批床垫，以供员工在被睡意击倒时能够小睡一会儿。

华为的员工无须进行考勤记录，因为他们完全专注于公司的宏伟目标。新员工入职时，还会因为收到了自己的床垫和毯子而格外骄傲。他们所加入的，不仅仅是一个团体，从某种意义上说，是一个家庭。每天的午餐时间，都可以看到一些员工躺在床垫上小睡一会儿。

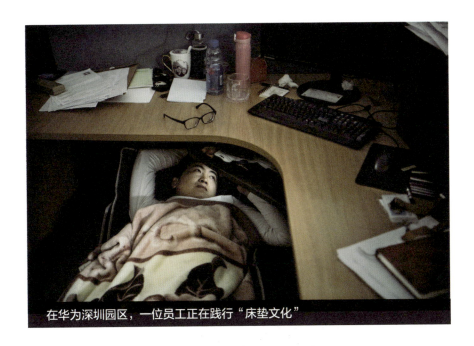

在华为深圳园区，一位员工正在践行"床垫文化"

在硅谷的一些初创企业中，同样能够看到这种奋斗精神，但这种精神只有在"以客户为核心"的文化引领下才有意义。对任正非来说，"床垫文化"并不意味着盲目奉献。

> 在这家严格遵循"以客户为核心"原则的企业里，为客户创造价值是最终目的。否则，勤奋工作是没有意义的。

"床垫文化"在千禧年年初曾受到质疑。媒体抓住相关事件不放，"床垫文化"因此被推上了风口浪尖。对此，华为任命了一名健康和安全负责人，负责员工的身心健康问题，尤其注重协调员工工作和私人生活的平衡。"床垫"在一夜之间消失了：办公楼里只有个别员工会在午餐时间休息，公司也强制员工必须在晚上 10 点前离开公司。

尽管如此，前辈创造的"床垫文化"仍然深深植根于华为的文化之中。虽然传统已经改变，但奉献精神、模范精神和团队精神仍然是华为成功的支柱。

这样的精神也创造了众多的成绩：华为在 2007 年 8 月拿下了一份合同，为位于珠穆朗玛峰海拔 5200 米和 6500 米的两个营地架设移动天线。当时，华为只有 3 个月的时间来完成项目。四位工程师面对缺氧、眩晕、头痛等问题，最终完成了挑战。2007 年 11 月 13 日，他们成功安装了世界上海拔

在困难条件下完成任务

最高的天线，实现了两个营地与外部世界的连通。

在 2003 年的阿尔及利亚地震、2008 年的中国汶川地震等自然灾害，以及 2008 年的印度孟买恐怖袭击事件之后，华为充分地展示了它的无私奉献精神。在这些极端时刻，华为团队自认为有责任迅速恢复通信网络。

在 2011 年的日本海啸和福岛核辐射事件发生后，华为当地团队和国内团队迅速动员起来，当所有跨国公司都在撤离员工时，这家电信巨头的工程师和技术人员在两周内抵达灾区，恢复当地运营商的 680 个电信基站。

华为的一名管理人员对此表示："在危急关头，我们比以往任何时候都更需要履行对客户的责任。在这种情况下，华为人必须承担起社会责任，维护设备的正常运转，忠实于自己的岗位。"

以最偏僻的市场为切入点
践行"农村包围城市"战略

华为在成立之初就面临着极其激烈的市场竞争。一方面，朗讯、爱立信、西门子等老牌巨头牢牢把握市场；另一方面，中国原邮电部和比利时贝尔共同组建的上海贝尔公司发展迅猛，夹缝中生存的华为可谓举步维艰。与此同时，华为还必须面对两个突出问题：首先，作为一家私营企业，在经济由国家监管的大背景下，华为无法取得行业许可证；其次，由于是一家中国企业，华为的产品会让客户自然而然地联想到"假冒伪劣"。

因而，华为无法向传统老牌企业发起正面攻击。销售团队在公司成立之初做了很好的尝试，尽了最大的努力。但在投标过程中，一旦遭遇外国竞争者，华为的努力总是以失败告终。

所以，华为必须另辟蹊径。学生时代的任正非曾仔细研读毛泽东的著作，他从毛泽东的军事战略中找到灵感。

华为采取的策略很简单，即"农村包围城市"。欠发达地区是一个被电信巨头忽视的市场，他们只对大客户感兴趣。从 20 世纪 90 年代初开始，华为就在全中国的版图上发展业务。首先是中国西南的四川省，然后是东部的山东省。

当逐渐向中型城市"进攻"的时候，为鼓励客户进行更大规模的采购，华为毫不犹豫地架设了一批免费设备。渐渐地，华为几乎是悄无声息地与全国数百家邮电局达成了合作。

华为首先攻克了那些偏远之地，而后逐渐进入各个县城，最终攻入省会城市。

类似的还有 20 世纪 90 年代初由销售团队发起的项目，在任正非的倡议下，多名销售人员离开深圳，在一年时间内踏访全国 500 多个县市。成员们两人一组，在每个地点停留 3 天，推销华为最新产品以及提出解决方案。这种方法获得了很好的收益，也推动着任正非走得更远。

第二阶段的战斗随即展开，华为以高薪招聘了大量业务员，真正意义上将业务推向全中国。这些业务员首先需要在华为深圳总部接受紧张和严格的培训，之后，他们被分配至全国 270 个办事处，每 20 人为一组，每组包含了客户经理、产品负责人以及售后工程师等所有与客户近距离接触的角色。

这样做的目的在于推动销售及实现自主售后，各地办事处实现自主售后是企业做强的关键。

这项措施虽然投入了巨大人力，但从战略上看是成功的。它以强劲之势将华为的产品打入了中国的每一个角落，没有忽略和遗漏任何一个偏远之地。在每一个办事处，每一个员工都坚定秉持华为"以客户为中心"的理念。与匆匆而过的竞争者们不同，华为的员工以现场为家，日常与客户一起工作，尽可能在第一时间响应客户需求。

中国人在对待客户关系上的时间观念与西方不同，只要涉及财务问题，都必须花时间沟通，理解客户的需求，也要在机会出现时快速做出回应。

华为在偏远地区发展基础设施

这与西方商务活动中的"30分钟会议"惯例形成了鲜明对比。

华为对所有客户一视同仁,给予同样的重视。任正非是这样敲打团队的:"我们不能仅仅与客户保持简单的业务关系,也不能将多数注意力聚集在少数客户身上。保持紧密的客户关系不只是市场部门的唯一责任,也是我们每个人都必须去做的。"

与客户的紧密联系不仅仅推动了华为的业绩增长。经过十多年的努力,华为拥有对客户的精准认识和独到见解,这让华为能够先于对手捕获技术需求的变化,例如对宽带以及超宽带的需求等。

在市场尚未形成的地方创造市场
率先在快速增长的企业构建行业框架

理念先锋 · 征服 · 规避策略

在全球化征程上，华为同样采取了"农村包围城市"的战略。20 世纪 90 年代末，在进军国外市场初期，华为没有选择那些竞争激烈的地区，而是将目光落在或是环境恶劣，或是条件简陋，或是政治动荡的偏远地区。换言之，华为选择了被竞争对手忽略的地区作为落脚点。

> 华为非常鼓励员工外派，不仅仅外派工程师，也外派销售人员和营销专家，外派甚至成了华为员工快速晋升的途径。

1999 年，华为登陆东南亚，紧接着便是非洲、拉丁美洲、俄罗斯和东欧。华为在这些地方尚未建立知名度，凭借着超高性价比的设备以及随时响应客户所有复杂、刁钻需求的完美客户服务，很快便脱颖而出。

2015 年在埃塞俄比亚安装设备的华为团队和当地居民

一位曾在塞内加尔工作的 Orange 前高管回忆说：

"我亲眼看见了华为是如何抢占市场的，他们的产品价格仅是市场价格的一半。"华为的服务意识也给他留下了深刻印象，"他们没有向我们提供产品目录，而是在设计之前先询问我们的期待。他们的执行速度更不必说，当竞争对手的产品还停留在 PPT 上时，他们已经拿出了成品。"

极端的工作条件孕育了一种新的传教士精神。在欠发达地区，员工们的住宿条件很差，晚上围在一口铁锅旁边就餐。几年的时间里，团队的成员朝夕相处。《开创华为的故事》（ *Pioneers Huawei Stories* ）就是为华为外派员工所写的书，书中写到了在科特迪瓦和几内亚分公司担任厨师的史健曾经开玩笑说："这口炒锅是公司的资产。"员工们互相理发，互相打听去何处买中国的食物和衣服。外派员工的年龄在 20 岁到 30 岁之间，承担着在国内无法想象的重任，并且他们并不愿意让家人陪同前往。

一些外派至艰苦地区的员工，从一定意义上说，可谓做出了全身心的付出。一名员工曾在巴西遭到袭击，头部缝了 30 多针。在第一批抵达非洲的员工中，70% 的人染上了疟疾。此外，还有不胜枚举的天灾人祸，地震、海啸、台风、飞机失事（马来西亚航空公司 MH370 航班上就有 2 名华为员工），以及政治事件等。

开辟新疆土是令人兴奋的，但华为人始终保持着敏锐的商业头脑：在非洲，华为与当地合作伙伴一起制定了电信业务框架。这里有一些例子：

·2011 年，在科特迪瓦内战期间，华为团队中半数成员留在了当地，在存有食物的办公室里惊险求生。内战结束后，华为的目标达成率是当地最高的。韩硕在担任华为驻科特迪瓦代表处总经理时只有 25 岁，韩硕回忆道，当时留在科特迪瓦的半支团队还在内战期间签下一家客户的网络迁移订单。

·宋聿于 2012 年被公司外派至吉布提，而后转岗至布隆迪，他设定了雄心勃勃的业务目标：要在次年实现 1000 万美元的营业额。在一个拥有 900 万居民，人均年收入仅为 260 欧元的国家，市场上已经有 6 家电信运营商，且都是大型国际企业的子公司，要想实现这样的目标绝非易事。而华为同样抓住了机会。在业务开展初期，宋聿的团队很难与客户取得联系，于是他借鉴了越南军用电子电信公司（Viettel）的市场经验，假扮豆腐商给客户的经理送货，以此建立起业务联系。

·徐海明于 2008 年被外派至赞比亚，他发现，一旦合同签订，很多在实际工地上发生的变更并不会被记入商业条款的补充条款中。于是，他对 300 个相关站点的合同进行了逐一审计，追回超过 350 万欧元的补充金额。

与市场一起成长，就是让自身更加强大。

离开科特迪瓦时，Orange 的代表对韩硕说："当我们与华为签约时，我们只有 30 万客户，现在我们有 500 万客户，真正成了行业领导者。"

及时适应客户的流程
走出舒适区,攻占关键市场

实用主义 · 响应力 · 机会

在发达国家,华为率先击败的竞争对手是英国电信和沃达丰。这就体现了华为成功的一个关键因素:既能以周期为十年的战略眼光进行长期规划,又能在很短的时间内征服新市场。

华为要想在竞争激烈的市场(如欧洲)获得一席之地,就必须做到见机行事、及时响应,才能不放过任何一个机会。在 21 世纪初,华为还是个名不见经传的品牌,技术也并非超前,最重要的是,诺基亚和西门子等企业已经在当地站稳了脚跟。

2000 年中期,华为获悉运营商 Inquam 将放弃向码分多址(CDMA)[1] 标准迁移。然而,要想维护葡萄牙每年 2000 万名游客的移动网络使用,码分多址是必不可少的。但因为欧洲设备供应商提供的价格过高,Inquam 不得不放弃该项目。得知此事的华为团队随即开始行动。他们迅速提出高效方案,甚至不惮于给出冰点价格。事实上,华为也的确提供了比竞争对手

---

1 传输编码系统,允许多个数字链路同时使用相同的载波频率。该系统已被全球超过 275 个运营商(尤其是亚洲和北美)应用于无线电接入领域的移动网络中,是与 GSM 竞争的标准。

更低价的解决方案。华为首先拿下了葡萄牙的订单，在之后的几个月内，接连攻下了德国、意大利、西班牙和英国。

另一个发生在华为与英国电信之间的故事也说明了把握时机的重要性。21 世纪初，"21 世纪网络"项目对英国来说意味着巨大的技术和财政挑战。但华为仍是一家小公司，无法像其他国内竞争对手那样成为投标供应商。

> 华为欧洲团队在得知英国电信代表团将对深圳的竞争对手公司进行考察后，便将消息透露给了华为深圳团队，后者很快就做出了对策。他们没有做任何预约，仅凭借实力，就征服了英国电信团队。

华为团队在非常短的时间内提出了完善的解决方案，甚至还安排了一位精通英语的工程师前往现场。竞争对手提出的方案并没有使英国人满意，华为的团队顺势将英国电信代表团邀请到了深圳总部。这次访问给这家英国运营商留下了深刻印象，并允许华为参与投标。几个月后，华为成功中标。曾经的华为工程师田涛在他的一本书中写道："当我们得知英国电信代表团要来深圳时，我们做了万全准备，即便他们很有可能不会选择我们。我们在很短的时间内投入了大量的时间和精力，但错过这个机会所带来的损失太大了，因为机会不会再来一次。"

这些例子很好地阐释了华为团队是如何凭借灵活和快速的响应能力而赢得市场的。Orange 和摩纳哥电信等华为的合作伙伴也坦诚表示，华为是其合作伙伴中最主动抢占市场，最快速高效响应客户需求的企业（详情见第 223—234 页）。

寻求多样化
提供新的产品和服务以拓宽业务面

交叉销售 · 业务拓展 · 新客户

为了实现成为全球电信及新技术领军企业的目标，华为于 2003 年创立"设备部"。次年，华为的首部终端在第三代移动通信技术（3GSM）大会上亮相。华为的这项业务在开始时相对低调，各家运营商也所知无几，业务只占公司营业额的 5%。2009 年华为的第一款安卓手机问世后，方才大力推动手机业务。2019 年年初以来，华为手机全球销量已超过 1 亿部。[1] 2013 年，"荣耀"品牌的问世更加稳固了华为手机业务的地位。荣耀品牌以高性价比和持续扩大的产品系列，推动华为进驻大众手机市场，并取得骄人业绩。2019 年，华为超越苹果，成为全球第二大智能手机供应商。如今，手机销售额几乎占到华为总营收的一半（2018 年为48.4%）。

---

1 https://www.phonandroid.com/huawei-vendait-plus-de-7-smartphones-par-seconde-avant-le-decret-trump.html

全球智能手机市场份额：14.7%　　2018 年智能手机交付量（截至 2018 年 12 月 31 日的数据）：2.06 亿部

中国智能手机市场份额：超过 30%　　全球 500 美元以上智能手机市场份额：超过 14%

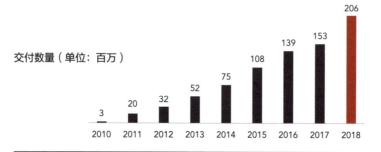

交付数量（单位：百万）

全球销售的智能手机中，近六分之一是华为手机

　　华为在世界各地开设销售网点，在很大程度上促进了大众消费。2018 年年底，"荣耀"品牌在全球拥有 6 万名员工，覆盖各家用于提供体验的旗舰店、销售和售后服务。

华为上海旗舰店

虽然华为手机以中国、东南亚各国为主要销售点，但同时也发展了全球销售网络。2019 年年初，华为在维也纳和马德里开设了首批欧洲旗舰店，马德里旗舰店是华为在国外的最大销售点。巴黎旗舰店于 2020 年年初在歌剧院区开业，主打高端路线，提供绝佳的客户体验。

> **华为与苹果经历了从 B2B 到 B2C 的转型。而此时，阿尔卡特、爱立信和西门子等其他公司逐渐陷入困境。**

开放 B2C 业务是华为战略和发展的一个转折点。B2C 业务可以帮助华为切实占据市场，让品牌形象深入客户心中。同时，这也是一种向所有人（而非仅向专业人士）推广华为完整技术生态系统的途径。

在过去的 5 年里，华为投入了一个新的领域：公共组织和智慧城市。华为的愿景——同时也是其多元化逻辑——是实现一个智能和集成的世界。在这个世界中，华为为所有玩家提供集成平台、数据管理和成熟的智能接口（与合作伙伴合作）。

华为已经为能源、移动、安全等不同的领域开发了平台，例如机场和煤气管道的数据管理，使用智能传感器为世界各地的城市提供管理汽车流量、垃圾和城市照明的技术，与已有的 B2B 技术并没有本质区别。

> **华为的愿景很简单：伴随着数字革命，在物联网、人工智能和 5G 技术发展的背景下，让城市的功能清晰可见，让城市本身越来越智能。**

	智慧能源	智能交通	智能水资源和垃圾处理	智慧社交 & 安全城市	智能楼宇
信息和通信技术	智能电网负荷与生产的去中心化管理	智能交通及泊车	智能水表	安全与保障	能源、建筑和家庭智能管理系统
	电动汽车基础设施	交通及收费管理系统	配电网控制、漏电监测	电子政务	智能家居的通讯及娱乐
	去中心化生产的系统集成	公共交通信息共享系统	风暴及洪水管理	去中心化的基础设施（卫生、教育）	智能消费应用和终端
	消费和行为变化的可视化	公共和私人交通工具共享系统	消费和行为变化的可视化	智慧城市 APP	P2P 房屋共享平台
非信息和通信技术	可再生能源和热电联产	新型低排放车辆和公共交通系统	新型消毒方法	环境友好型医院	智能建筑和修复旧建筑
	01	02	03	04	05

华为智慧城市五大领域

智慧城市的关键在于集成各类资源，对数据进行加固和保护，以及为用户提供卓越的设计。华为深圳的展览室展示了一个实现全面数字化的城市控制中心：未来深圳的城市控制中心。

目前，全球 40 多个国家的 200 多个城市使用了华为全球智慧城市解决方案。随着 5G、物联网、云技术的进步，智慧城市将继续发展，作为获取居民和行政单位信任的核心要素，网络安全问题也将随着智慧城市的发展而不断凸显。

华为还聚焦了一个较为特殊的关注点——安全城市。2017 年，华为推出指挥信息系统（C^4ISR）安全城市解决方案，重点关注人口超过 10 万的城市。内罗毕在实行该系统后，犯罪率下降 46%，破案时间大大缩短。墨西哥城、拉合尔（巴基斯坦城市）、科特迪瓦的警察以及塞尔维亚政府都先后选择了这项方案。

华为深圳展示厅演示智能运营中心

　　此外，华为的云技术为德国杜伊斯堡市的教育、卫生、交通和社会事务等部门提供服务。

　　我们不难看出，华为具有明显优势，其重要原因之一便是在安全问题上，这些组织和机构给予华为充分的信任。

尽一切努力
增强客户信任

聚焦客户
唯一的使命和信仰

以客户为中心 · 客户生命周期 · 客户成功

"服务客户是华为存在的唯一理由。客户的需求是推动我们发展的唯一力量。"这是华为对客户的态度。在华为，客户服务已经上升为一种"宗教信仰"。任正非甚至称之为公司的核心和灵魂。华为很早便开始建立真正的客户生态。

> 当"以客户为中心"还是一句人们耳熟能详的广告语时，华为已经为这句话赋予了意义。

这不仅仅是指要友好地对待客户，以及在必要时建立客户关系。关键在于确保在任何情况下都能提供持续的服务，这在电信行业是个不小的挑战。在这一点上，华为超越了诸多电信巨头，为众多难题找到了解决办法，例如修建通往非洲生产基地的道路，设计超固体材料以避免中国农村的害虫啃噬电缆等。

2011 年，华为在开罗为奥斯康电信（Orascom Telecom）[1] 提供设备时，能够容纳三家本土运营商电信基础设施的 1000 平方米的仓库发生火灾，数百万居民或将因为大火而无法使用移动和固话通信。当时，只有华为的团队立即赶到现场，其他公司则以政治不稳定为理由而离开。华为向埃及客户承诺，将恢复包括自身及其他供应商在内的所有网络，并承担起当地的通信事务。很快，新的光纤设备安装完成，通信得以恢复。其中一名员工回忆道："当时，我正发愁如何打破与当地客户的僵局。但在那之后，一切都变了，客户一直与我们握手，以表达他们的感激之情。这是一个关键的时刻，一个真实的时刻。"

以客户为中心的理念也不是因为前些年的流行广告语才在华为落地生根的。它从一开始就深深注入企业基因之中。如上文所述，早在 1987 年，客户就能在华为的产品说明书中看到这样一句话："客户可无条件退货，华为永远欢迎你们。"这在当时的市场上是难能可贵的客户意识。

是它推动了华为的技术创新。例如，华为开发的 SingleRAN 是一种能够在统一网络上管理多个移动标准（3G、4G、5G）的系统，这对所有运营商来说都是一个真正的突破，而这项技术创新恰恰是为了满足沃达丰的要求。以客户为中心的理念，督促着华为绝不向投机主义倾斜，而是坚持创新，把握市场。任正非与管理层一些人的理念不同。1998 年，许多人建议公司投资服务市场。在电信设备市场开始饱和的情况下，服务市场增长惊人。但任正非坚持自己的信念：华为绝不能屈服于机会主义，要继续征

---

1 奥斯康电信是一家埃及电信公司，业务遍及中东、亚洲、非洲和欧洲。子公司 Mobinil 成立于 1998 年，是埃及第一家电话运营商。后来，Mobinil 被 Orange 收入囊中，并更名为 Orange Egypt。奥斯康电信如今拥有约 1 亿用户（覆盖阿尔及利亚、巴基斯坦及孟加拉国）。

服其历史市场。

"多关注客户，少关注老板"这种客户导向的理念在内部得到了广泛的传播、鼓励和奖励。任正非经常对员工们强调："不要花很多时间做讨老板开心的幻灯片。要多花些时间来思考如何为客户创造价值。"

例如，华为始终与当地电信专家保持联系，这些专家曾在华为进驻各地市场时提供过建议并予以鼓励。这种联系也不会因为专家搬家或退休而中断。华为还专门为他们安排了参观深圳总部的活动。此后，这些专家都会成为华为重要的代言人。

客户是华为存在的理由，这是不容置疑的原则，是华为所有决策的唯一棱镜。

赢得售后战役
在生产最优产品之前，提供最优的服务

20世纪90年代，华为通过极具竞争力的价格和不断调整市场旗舰产品，频繁向技术领先的西方竞争对手发出挑战。

但这种竞争力是有代价的，那就是质量成本。在最初的几年时间里，华为产品在开发和制造方面存在许多缺陷。工程师经验不足，工艺流程复杂，但要想在市场上占有一席之地，就必须快速生产。

管理层对这个问题有着深刻而痛苦的认识。1992 年到 1995 年间，因设计问题导致的维修费用超过 6000 万欧元。2001 年，产品的退货率仍然高达 17%！正因此，华为团队尽一切努力确保提供完美的售后服务。

> 卓越的服务及响应速度是华为贯彻的精神，客户可以在一周中的任何一天的任何时刻与技术员取得联系。华为安排员工轮班也是为了保证夜间的响应。

田涛曾提到，一家中国电信运营商对华为的初期业务印象深刻："华为专用自动交换分机在中国农村覆盖很广，但性能不稳定。一旦发生故障，

技术人员就立刻赶到现场。他们态度谦和，一边对故障表示抱歉，一边进行维修。这给客户留下了深刻的印象。在中国尚未形成服务意识之时，华为已经将服务提升为一种艺术。"

这种服务意识在日后普及到了华为的每一个分支机构。例如，华为在2007年至2008年间在马拉维部署了无线网络，当地经常停电。当华为的技术人员在停电后为客户重新激活设备时，他们不仅重启了自己的设备，还重启了竞争对手的设备，使当地的全部设备都能够正常运行。[1] 这种忠诚打动了客户，也成就了华为的信誉。

华为的质控实验室内景

尽管如今华为产品的质量已经追平甚至赶超了对手，但服务意识依然深入华为人的心中。

---

1 Témoignage Xu Haiming dans *Pioneers*, LID Publishing, p. 27.

将网络安全作为获取客户信心的核心
不假定任何事情，不相信任何人，检验所有的东西

要想在不断创新的市场环境中获取客户的信任，产品安全以及基础设施是首先需要考虑的问题。与其他电信和 IT 巨头一样，华为必须保护好系统及客户数据。

华为的 ABC 安全原则应运而生："不假定任何事情，不相信任何人，检验所有的东西。"仅有信心是不够的，还需要符合标准的可核查事实。这是华为独立网络安全实验室（ICSL）所奉行的原则。该实验室位于华为东莞生产线附近，只有 140 名员工能够进入这个最高机密实验室。2013 年，实验室完成独立，仅隶属于集团的全球网络安全与隐私保护办公室，由英国政府前首席信息与安全官约翰·萨福克负责，直接向轮值首席执行官汇报。实验室根据客户或内部模型验证需求，按照完整的程序（市场工具、开源工具、内部工具）对产品进行安全测试。

实验室根据产品等级给它们贴上不同的标签，实验室也可以一票否决新产品的上线。此外，实验室还负责制定参考文件和内部认证培训。

2019 年 7 月，华为法国总经理施伟亮在巴黎举行的参议院听证会上强调说："华为始终尊重国家标准以及高安全标准。从全球来看，我们的设

备经过了最多数量的测试，无论是认证测试还是客户测试。"事实上，华为从未发生过重大网络安全事件。

华为深圳数据中心的服务器机柜

> 在过去的十年时间中，随着 5G 和人工智能的发展，安全的重要性越发凸显。华为站在互联世界的最前沿，始终坚信安全是进入通信和信息新时代的关键。

华为还专门制订了一项战略计划，旨在加强和拓宽其产品和服务与国际标准的衔接度。这是获得西方合作伙伴及其政府信任的必要战略。2004

年以来，华为的安全系统通过了 BS7799-2/ISO 27001 认证，并通过了
200 多项国际测试。

　　在这一背景下，华为在 2018 年 12 月宣布，每年将 5% 的营业额投入
网络安全，并在未来五年增加 18 亿欧元的预算以加强设备和软件的安全性。
所有努力都是为保护基础设施的安全性，并为针对中国政府的网络间谍指
控做出明确回应。任正非曾多次说："我爱我的国家，我支持共产党。同时，
华为将永远站在客户一边，维护网络安全和隐私。"他甚至表示，如果明
天，中国政府提出访问华为数据库的要求，他会立即关闭华为。而他所借
鉴的正是苹果公司。任正非在最近的一次采访中甚至说道："苹果是我们
的老师。"[1] 在 2019 年 7 月举行的美国参议院听证会上，华为法国的法务
经理邦雅曼·埃克（Benjamin Hecker）强调，2017 年通过的中国信息法
规定，设备商可以为出于中国安全目的的调查提供用户个人数据，但这一
法律不具有涉外性质。相对的，美国的《澄清境外合法使用数据法案》（*Cloud
Act*）至少在理论上允许向美国政府提供其他国家数据。华为事件与剑桥分
析公司（Cambridge Analytica）的丑闻不同，没有发现任何故意的错误行为。

　　除了制定满足国际标准的战略外，华为还与地方当局合作，在英国、
德国和加拿大建立了开放的网络安全评估中心，再次向合作伙伴和相关国
家政府机构确保安全问题。华为的产品将在这些独立的评估中心接受测
试，以验证是否符合当地标准。应英国政府要求，华为出资成立的华为网
络安全评估中心（HCSEC）在过去 5 年时间里，每年发布一份完全独立的

---

1 https://www.phonandroid.com/huawei-refuse-chine-bannisse-apple-represailles.html

年度报告。2018 年,该中心共对 39 种产品进行了测试。尽管当年的报告提出了较为尖锐的批评,但报告也认为潜在的漏洞与国家间谍活动并无关联。[1] 在双重保障需求的推动下,华为的增长以及它在全球电信领域的领军地位自然而然地将数据保护推向了战略地位。

华为与英国政府通信总部(GCHQ)[2] 合作,在班伯里设立了网络安全评估中心,用以认证华为网络及基础设施的合规性。几个月后,约翰·萨福克加入华为,负责网络安全工作。

此外,华为于 2019 年 3 月在比利时布鲁塞尔也建设了一个网络安全中心。这个中心又是为何而建的呢?是为欧洲运营商和合作伙伴提供自行检测华为产品的必要设备。华为开放了源代码访问,以便在受到间谍指控时,所有人都能够根据源代码进行验证。

2019 年 4 月,比利时网络安全中心发布了一份报告,称没有确凿证据能够证明针对华为的指控属实。2019 年年中,法国国家信息系统安全局(ANSSI)[3] 总干事纪尧姆·普帕尔(Guillaume Poupard)在《法兰西全国》(France-Inter)中表示:"5G 将是一个尤为关键和重要的系统。我们不能只关注一家零部件制造商,这是不对的。"

---

1 https://assets.publishing.service.gov.uk/government/uploads/system/uploads/attachment_data/file/790270/HCSEC_OversightBoardReport-2019.pdf
2 英国政府电讯情报机构,向政府和英国武装部队提供通过电子情报技术收集的信息。GCHQ 是西方最大的通信拦截机构之一,仅次于美国国家安全局。
3 负担保护法国国家信息系统安全的使命。因此,该机构负责提出适用于保护法国国家信息系统的规章制度,并负责检验各项措施的实施。

沟通推动业务
与品牌影响力增长

逐步建立品牌形象
一个很难发音的品牌如何获得用户垂青

华为 P20 手机形象大使安东尼·格里兹曼

华为是一个辨识度很高的品牌。但"HUAWEI"对西方人来说并不好发音，因此在华为多年的国际化进程中，内部曾因品牌的名字进行过争论。但在 2013 年，争论最终落下了帷幕。富世华（Husqvarna）、施华蔻（Schwarzkopf）以及罗意威（Loewe）等国际大牌的名字也同样不好发音，但这并不影响其发展。华为仍将是华为，这是它的首要身份，是它最重要的传播形象。

　　华为的品牌有两条生命线：20 年间，华为只是一个 B2B 品牌，专业沙龙、新品发布会以及客户的口耳相传是主要的品牌传播方式。[1] 受到内部工程师文化的影响，华为一直保持着低调的品牌形象。然而，正如华为首席品牌官张晓云在领英上发表的一系列博文所说，华为已经意识到了加深品牌形象的必要性。"2003 年，华为接到了一笔贴牌订单，提供 10 万部销往香港市场的手机，这在当时是一笔很大的订单。这批手机质量很好，价格有竞争力，又是市场上的首批 3G 手机，但几乎卖不出去。我和团队成员们夜以继日地工作，就是为了按时交付这批手机，可香港的消费者并不为此买单。我们和消费者之间好像有一道无法跨越的鸿沟。就在那时，我意识到品牌的力量。"

　　是品牌，而非产品。2012 年，在拉斯维加斯举行的国际消费类电子产品展览会（CES）上，华为推出了当时最轻薄的智能手机 P1。而就在发布会开始前几天，一切准备工作都已经根据该手机的参数而设计，富士通却抢先发布了一款更加轻薄的机型。为了实现"最轻薄"这个承诺，华为的工程师们加班加点，为了几毫米几厘米的差距而奋斗，这个故事最终变成了一桩逸事，"总有可能再减一点"也因而成了华为的信条。

> **从 2012 年起，华为开始转向 B2C 业务，在竞争十分激烈的市场中，华为将直接面对来自三星、苹果的对抗，这些品牌颇受消费者喜爱，又有充足的营销预算。**

---

1 https://www.linkedin.com/pulse/building-huawei-brand-glory-cheung/

除了价格优势，华为还需要获得消费者对华为品牌的偏好，这种偏好既要在全球范围内保持一致，也要适应当地市场。

随后，华为加大了大众产品的宣传力度，在传统媒体和数字媒体上发起了一场名为"Make it possible"（让万物互联成为可能）的运动，通过这一简单而有力的信息，提升品牌知名度。

醒目、固定的 logo

自成立以来，华为的品牌 logo 仅发生了 3 次变化。如今的 logo 是一朵 8 瓣的红色花朵，"8"是中国人的幸运数字。2018 年 3 月，华为 P20 问世，最新 logo 随之揭秘。

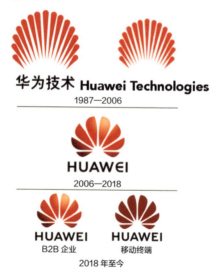

1987 年以来华为 LOGO 的演变

除了"华为"品牌之外，2013 年年底，集团推出了第二个品牌：荣耀。这个品牌专门面向千禧一代，且完全独立于母品牌。"荣耀"问世后，首先进攻电子商务领域，并致力于倾听社区用户的声音。"荣耀"的用户参与度很高,能够极佳地掌握新功能,他们在社交网络上给出了大量反馈,"荣耀"的每次新品或新功能发布都能够引发与用户的大量互动。"荣耀"通过"勇敢做自己"(For the brave)的口号成功激起了用户社群的共鸣,也大大激励了内部团队,为品牌注入了专属的基因特质。

赞助也是华为的一大强力营销手段。华为首先赞助了一些著名的足球俱乐部,华为是法国巴黎圣日耳曼足球俱乐部(PSG)2014年至2017年的赞助商,此外,曾先后赞助英国的阿森纳足球俱乐部(Arsenal)和西班牙的马德里竞技俱乐部(Atlético Madrid)。华为还邀请了斯嘉丽·约翰逊(Scarlett Johansson)、莱昂内尔·梅西(Lionel Messi)和安东尼·格里兹曼(Antoine Griezmann)等全球知名人士作为品牌形象大使为产品拍摄广告。特别是法国男足国家队的灵魂人物安东尼·格里兹曼,他为法国取得2018年国际足球联合会(FIFA)世界杯冠军做出了巨大贡献。

位于深圳的荣耀网点

与此同时,"荣耀"品牌则投身于音乐圈。2013年,"荣耀"拟赞助乔纳斯兄弟(Jonas Brothers)的全美巡回演

斯嘉丽·约翰逊在广东出席华为P9发布会

出，随后，又赞助了法国乐坛小天后 Louane 的在法演唱会。赞助是一项具有深层次战略意义的活动，因为华为迫切地需要消除与用户之间的文化隔阂。

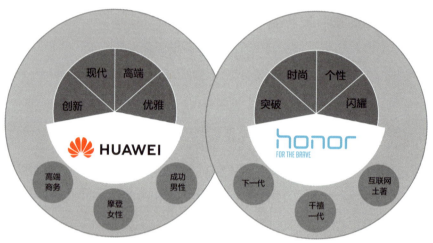

华为与荣耀：不同的品牌定位

根据 2018 年国际品牌公司的评估[1]，华为全球品牌认知度为 88%[2]，总估值为 67.6 亿欧元，位列全球第 68 名，国内排名第 11[3]。如今，品牌价值占到了华为企业总资产的很大比重。

---

1 2017 年益普索研究。

2 https://www.interbrand.com/best-brands/best-global-brands/2018/ranking/huawei/

3 https://www.interbrand.com/cn/best-brands/best-china-brands/2019/

把握企业传播
打破沉默，安抚用户

在华为深圳总部的一间展示厅内，华为员工向专业的参观者们展示集团业务

长期以来，华为始终低调行事，尤其是在媒体面前。

20 世纪 90 年代，任正非目睹了一些中国企业家被一夜成名的喜悦冲昏了头脑，他甚至曾说："面对媒体的压力，我们必须像鸵鸟把头埋在沙子里一样行事。"正如他所说，公司的目标是做生意，而不是为老板争光。

21 世纪初，华为经历了强劲的国际扩张，并开始受到商界的关注。2008 年，该公司被《商业周刊》评为全球最具影响力的 10 家公司之一。2009 年，华为获得了英国《金融时报》颁发的"业务新锐奖"。2010 年，华为被美国《快公司》(*Fast Company*) 杂志评选为最具创新力的 5 家公司之一，并获得了《经济学人》(*The Economist*) 杂志颁发的企业创新奖。由于作风谨慎以及未曾按照国际标准公布官方文件，华为被冠以"神秘"和"不透明"等形容词。但很快，华为注意到了这一点，并决定通过在总部召开新闻发布会等行动，推进华为的对外开放。深圳总部的展示厅向来自世界各地的参观者展示了华为的所有业务：智慧城市、智能工厂、联网住宅、机场安全、云和数据中心等，展现了华为的整体特性以及当今世界的互联互通。

2010年年初，华为的轮值首席执行官开始在媒体上发表讲话。2013年，在华为成立的第26年，任正非终于在新西兰接受了第一次采访。采访后，他发表了讲话，回应西方媒体对自己军人背景的指控，以及他可能仍与中国政府有联系的猜测。这是任正非人生的一大转折点。此后，他定期在公众前发声，在2015年的达沃斯世界经济论坛（World Economic Forum）上，他坦言道："如果你什么都不说，流言就会滋生。"这是一个姗姗来迟的决定，但对公司来说无疑是一种自救，因为它可以让华为更好地掌控信息传播，打造一个更开放、更透明的公司形象。

从2018年年底起，华为又迫切地需要危机沟通策略。面对来自美国的指控，任正非和他的领导团队毫不犹豫地挺身而出，一方面以激烈的言辞进行反击，一方面打出"缓和牌"。2018年，记者凯文·弗赖尔（Kevin Frayer）在深圳总部中完成了一组摄影报道。《卫报》（The Guardian）、《快报》（The Express）和《观点》等欧洲媒体都在参观华为的设施，包括机密度极高的独立网络安全实验室。

2019年，华为连续几个月稳占全球媒体头条位置，华为的展览也吸引了全球的目光。营销团队别无选择，必须努力刻画和传播华为的正面形象。

这是华为在巴塞罗那举行的2019年世界移动通信大会上做出的选择，在那场盛会中，华为独占了三个巨大的展台，牢牢把握了展现自身实力的绝佳机会（详情见第83—87页）。值得一提的是，世界各地的运营商以及各国分管通信的部长都参加了这次活动。据《观点》报道，华盛顿方面甚至派出了一个代表团专门向各家运营商描述与华为合作的危险性。[1] 华为在其 5G 展台上向参观者展示了可折叠智能手机 Mate X，再一次证明自己是市场上不容忽视的存在，同时强调，没有任何证据可以证实美国的指控。当时，郭平（时任轮值首席执行官）发表了一次演讲，演讲现场座无虚席。他说道："华为是第一家能够大规模部署 5G 的公司。选择华为是为了更大范围的安全。"在演讲开始前，他在媒体前表示："我们必须更加透明，这意味着我们必须更频繁地与你们沟通。"

华为的传说没有就此结束，这次演讲引发了华为欧洲市场对其的转变与讨论。3 月底，德国政府允许参与 5G 竞标的供应商使用华为设备。因为 5G 将成为工业物联网和互联汽车的载体，德国的决定对其工业的发展具有战略意义。

> 华为目前的战略是，一方面展示其对安全的尊重，强调其在 5G 技术上的领先地位，这对工业化国家具有战略意义；另一方面，重申其带给欧洲各国的积极影响（对就业、科研的贡献，履行企业社会责任等）。

至此，我们可以认为，华为的影响力工作收获了一定效应。与此同时，技术进步也在深化华为的积极影响。例如，著名的《麻省理工科技评论》（*MIT Technology Review*）将华为列入年度"全球 50 家聪明公司"之一，榜单中包括特斯拉、高通、微软以及英伟达（Nvidia）。[2] 这些企业结合了全球最优秀的创新技术和高效商业模式。

---

1 https://www.lepoint.fr/economie/a-barcelone-huawei-lance-sa-contre-attaque-mediatique-28-02-2019-2297069_28.php

2 https://www.gizchina.com/2019/07/01/the-50-smartest-companies-in-the-world-2019-mit/

持续监控
运行效率

投资打造完整价值链
生产自动化

智能工业·精益六西格玛·绿地工厂

　　华为在核心业务上具备技术领先性，它按照中国标准进行生产，已在很大程度上实现了生产自动化——尤其是在东莞庞大的工业园区。华为已经全面进入工业 4.0[1] 和智能制造技术时代。

　　位于东莞的工厂于 2012 年 10 月开始运营，占地近 1.5 平方公里，堪称当代工厂典范。工厂屋顶为太阳能电板，工厂 8% 至 10% 的能源消耗为太阳能。工厂总共有 35 条自动化生产线，生产华为销售的基础设备以及所有类型的终端设备（智能手机、平板电脑、台式机等）。在这里，每 28.5 秒就能生产一部华为 P20 手机。

　　根据法媒卢森堡广播电视公司（RTL）于 2017 年发布的报告，智能手机生产线每天 24 小时不间断运行，约 20 位工人实行三班倒工作制（生产线中约 50% 的操作实现了自动化）。[2] 智能手机的组装和包装时间约为 36 小时，

---

1 工业 4.0 又称未来工业，指一种新型的生产资料组织方式。伴随着虚拟世界、数字设计以及现实世界产品和对象管理的兴起，工业 4.0 概念逐渐凸显。

2 https://www.rtl.be/info/magazine/hi-tech/comment-fabrique-t-on-un-smartphone-on-a-ete-surle-terrain-en-chine-pour-tout-vous-expliquer-video--958103.aspx

包括主板布线、组装部件、满足所有干燥条件，以及完成极端测试（130°C 环境、5000 次按键测试、扭曲等）。比利时生产链数据显示，在华为每年生产的 2 亿部智能手机中，只有 10% 是在当地生产的（尽管如此，当地每年的生产量也有 2000 万部之多），其余的则由比亚迪（BYD）[1]等合作伙伴生产。据《印度时报》（*The Times of India*）报道，华为计划提高印度工厂产量。[2] 同时，华为果断地在阿尔及利亚，其非洲首座工厂投资了一个小型生产部门，组装 Y7 Prime 智能手机。[3] 巴西工厂计划也已提上日程。

一望无际的华为东莞工厂

---

1 比亚迪是一家总部位于深圳的中国工业集团。比亚迪诞生于 1995 年，最初是电池和汽车制造商，汽车销量在中国排名第四。BYD 是英文 "Build your dreams"（成就你的梦想）的缩写。

2 https://technode.com/2018/10/19/huawei-smartphones-india-premium/

3 https://www.huffpostmaghreb.com/entry/huawei-choisit-lalgerie-pour-lancer-sa-premiere-usine-africaine_mg_5c470a87e4b0bfa693c71366

人们可以参观华为无线网络专用自动交换分机的组装线以及物流链。从订购到产品装载，一切都是自动化的。在长 77 米、宽 10 米的物流链上，自动化仓储系统（ASRS）机器人有序地处理基于二维码生成的订单。

在生产线上，一件完整的产品需要组装不少于 25 000 个不同的部件。在该领域内，使用的机器和机器人至关重要，德国弗劳恩霍夫应用研究促进协会（华为历史合作伙伴）和日本大隈机械（Okuma，数控机床生产商）已针对华为的需求进行了优化，华为自身也已进行了机器人研发。

质量链的监控尤其严格：包括印制板组件（PCBA）测试、新型组装测试、疲劳测试等，设置的众多传感器可以追溯到每一条电路。

华为的高质量也通过了认证。华为采用的精益六西格玛（Lean Six Sigma）是丰田的精益管理（Lean）[1] 和摩托罗拉的六西格玛（Six Sigma）[2] 的结合体。

20 世纪 70 年代，丰田提出了精益管理的方法，旨在缩短生产周期，提升及时性、流动性和灵活性；而摩托罗拉的六西格玛方法则致力于优化生产流程，降低成本，缩短交付时间，同时确保最佳质量。华为于 2001 年实施西格玛 5.5，如今已升级至 6.04，依靠如此的掌控能力和精湛技术

---

1 精益管理是丰田生产系统（TPS）的衍生版本。精益源自消除流程中的浪费（库存过多，生产垃圾过多等）。精益以客户需求为导向，通过降低成本和缩短周期来提高产能。

2 六西格玛是一种结构化管理方法，旨在优化流程质量，提高流程效率。六西格玛率先在工业流程中应用，是同时基于客户意见（通过调查获得）以及可测量的权威数据（通过指标数据体现）而得出的方法。

已基本可实现 100% 的产品合格率。华为还使用持续改善（Kaizen）[1] 方法来提高生产效率。

就如同研发中心毗邻工厂一样，能够提高精益生产水平的研发办公室就位于生产线附近，团队成员可以更快速高效地沟通，尽快运行创新的生产流程。

工厂里也秉持着和华为其他办公地点一样的企业文化。工厂入口处的标语上写着："努力奋斗，追求完美，全心付出……"优秀员工的工位总是靠前，华为用这种方式不断重申其企业文化。

在工厂内，在生产线的末端，可以欣赏到自动导引车（AGV）的"芭蕾"，生产好的零件将交由这些带滚轮的机器人，由它们送至物流部门，操作员无须奔走，可继续留在生产线上。

华为工厂生产线末端的自动导引车（AGV）

---

1 日语单词"kai"和"zen"的融合，分别对应"变化"和"更好"。当前主流的法语译文为"amélioration continue"（持续改善），也被拓展为"analyser pour rendre meilleur"（进行分析以求变得更好）。"持续改善"的宗旨是通过每天进行轻量级优化来提高企业的生产效率。为了确保有效，所有员工，无论管理层还是非管理层，都必须提出想法，参与其中。

构建并激活
生态系统，维护
可持续发展

创建战略产业联盟
建立联盟、相互汲取灵感，以在全球市场实现创新

联盟·基准·90/10

面对拥有先进技术的电信巨头，华为如何崛起？任正非采取了清晰的核心战略，在学习竞争者模式的同时，融合华为的创新，由此在市场上形成差异。华为的第一款主打产品C&C08专用自动交换分机便是如此。当时，C&C08专用自动交换分机能够直接与美国电话电报公司的n°5专用自动交换分机相抗衡，但华为产品的价格更低。

对于自己所采取和主张的战略，任正非是这样解释的："创新意味着站在巨人的肩膀上进步，像海绵一样汲取他们最重要的经验。创新既可以是开发新产品，也可以是对既有产品的优化。"

任正非认为，如果所有事情都独立完成，并且在上游进行过多的创新投入，产品上市的时间将大大延迟，既没有竞争力，质量也不高。

在2003年的思科事件之后，华为重新审视了与知识产权相关的战略部署，大规模购入专利，2010年投入1.98亿欧元，2013年投入2.67亿欧元。

因此，在企业的早期阶段，华为并没有自研产品，而是以从诺基亚和西门子等IT巨头处购得的专利为基础进行开发。

华为通过购买专利缩小了与竞争对手的差距，甚至以更低的成本加速了创新。这是华为的90/10理念：在设计新产品时，90%的技术和材料必

须在以前的产品中使用过，或者是已经具备市场成熟性；剩余的 10%，则是真正的自主研发。

在最初的几年时间里，华为的企业文化更为激进好斗。在这种背景下，每一个对手在他们看来都是拿下合同和订单的拦路虎。但随着华为不断取得成功，获得了国际知名度，华为对待对手也逐渐转向合作的态度。华为在行业内具备越大的领导力，其与对手的开放合作就越为深入。

任正非在 2000 年年初就认识到了这一点：平衡是维持强势地位的重要因素。通晓历史的任正非明白，成吉思汗是如何消灭敌人夺取了天下，最终又是如何被敌人所消灭的。相较之下，他更喜欢奥兰治亲王威廉三世（William III）的经历，他用一场光荣的、和平的、没有流血牺牲的革命夺取了英国国王詹姆斯二世（James II）的至尊宝座。

结盟的意愿也源于电信市场的技术特性。创新是昂贵的，结盟可以降低成本，提升开发速度。华为认为，合作关系可以同时在多个层面发生作用。在市场上，华为与对手相互对抗，吸引各自的用户并提高其忠诚度。但与此同时，华为与对手是技术合作伙伴关系。例如，华为和阿尔卡特就移动基站和宽带技术数字用户线路访问多路复用器（DSLAM）[1]达成了一项专利交叉互换协议。华为在推动每一次技术革命时，都利用这种双赢的方式与摩托罗拉、IBM、爱立信等 IT 巨头进行合作。

> 为了保持华为在电信市场上的领军地位，最好不要与对手成为敌人。首先，这些企业也同样进行了良性的模仿，不断挑战自我，从而维系公司正常运行。

---

1 英文"Digital Subscriber Line Access Multiplexer"的缩写，是为个人用户提供 DSL Internet 接入的局端设备。

与此同时，华为加快了自主创新步伐。随着专利申请数量的不断增加，华为逐渐建立起一个良性生态系统，为每个战略市场寻找参考合作伙伴。

例如，2016 年，华为与德国徕卡合作，为其智能手机相机提供最佳体验。2017 年以来，华为先后与标致雪铁龙集团进行互联网汽车项目合作，与 Econocom 和霍尼韦尔（Honeywell）进行智能建筑的互联技术合作。

华为深圳总部的展示厅展示了华为近年来累计建立的 1000 多个合作伙伴。

截至 2019 年年初，华为所展示的合作伙伴

华为还专门为其生态系统建立了网站，可以根据地理区域进行检索。[1]

华为不进行外部扩张（华为从不进行企业收购，至多在各地市场培育一些初创企业），但拥有众多的合作伙伴，这一定程度上也与打造生态系统相关。但另一方面，华为也曾拒绝与另一巨头企业建立超级联盟，这往往会造成双头垄断现象，势必阻碍市场发展，引发行业内其他参与者的反感。

---

1 https://e.huawei.com/en/marketplace/

投身未来
致力于打造无缝连接的世界

Next10 · 鸿蒙系统 · 智能经济

在客户关系方面，华为认为建立稳定长期的合作意味着眼光要远远超越短期的季度业绩。华为作为技术集成者，需要与客户分享其具有变革意义的、系统的战略。

任正非在创立华为之初就描绘了长远愿景。他曾对员工们说："我告诉各位，20 年后，华为将成为全球电信巨头之一。"

这个预言并不仅仅是库埃疗法（méthode Coué）的一种形式。作为创始人，任正非对华为的发展走向有清晰的想法。他一步一个脚印地给华为设定了一个个目标，每十年进行一次自我否定。第一个十年的目标是生存。华为凭借着激进的、具有攻击性的拼搏精神，寻求生存方式，逐步取得市场份额，占领一席之地。20 世纪 90 年代中期，华为进入第二个十年目标。那时的华为逐步稳固了其在国内市场的领导地位，初步具有推动国际化的意愿，这个十年的目标是优化企业结构、提升工作方式的专业程度、获取信誉及适当的市场地位（尤其是国际市场的）。第三个十年是从 2007 年到 2017 年，致力于建立和巩固在电信市场的全球领导地位。

全新的阶段已经开启，新的阶段也将见证华为成为全球 IT 巨头。华为依旧雄心勃勃：它将加快数字在现实世界各个方面的整合，实现数字经济到智能经济的过渡。

传统电信行业已没有新的挑战，互联互通万岁！个人电脑和智能手机连接了人与人，物体之间的互联是当下最需突破的边界。当一个物体可以实现数据传输，它就具备了功能优化的潜力。举例而言，如果城市的垃圾箱能够进行满载提示，那么通过人工智能技术，就能够优化垃圾收集方案，从而优化城市管理。问题的核心在于规模：目前全球共有 40 亿部使用中的智能手机，但物联网可以整合和连接 1000 亿台设备。因此，物联网涉及的不再只是华为所在的行业，而是经济的各个方面：交通、机场和火车站、能源、企业、城市和政府等。

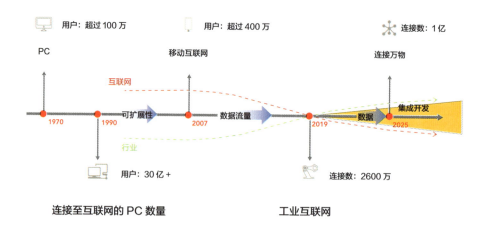

从大众互联网到通用连接

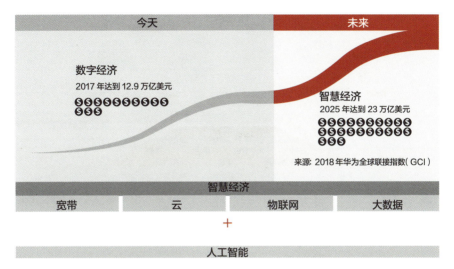

今天	未来

数字经济
2017 年达到 12.9 万亿美元

智慧经济
2025 年达到 23 万亿美元

来源：2018 年华为全球联接指数（GCI）

智慧经济			
宽带	云	物联网	大数据

+

人工智能

到 2025 年，数字经济将达到 23 万亿美元

从数字经济到智慧经济

　　物联网经济是未来十年全球经济增长的源泉。

　　因此，华为计划在新的模式中扮演集成平台的核心角色。如今，华为在传感器、网络、存储设备、云计算、数据集成和接口等领域皆有布局。在华为的计划中，智能手机会成为获取服务的主要入口。此外，华为还在另外八个入口进行投资，包括汽车设备及娱乐设施（包括电视）等。华为也将与合作伙伴共同致力于家庭及其他空间内的连接。

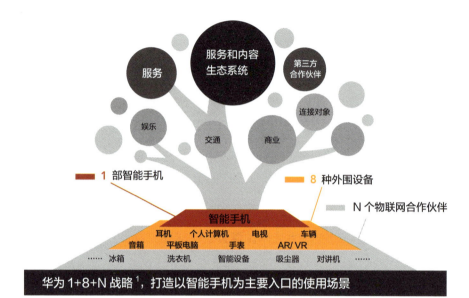

华为 1+8+N 战略[1]，打造以智能手机为主要入口的使用场景

　　目前，华为尚不打算进入服务市场，而是为服务运营商提供综合分销平台。施伟亮强调说："华为与 90% 的电子巨头不同，我们的商业模式并不是将客户数据商业化。"（详情见第 246—249 页。）2019 年 6 月，任正非在接受《金融时报》的采访时再次说道："我们的'管道'（网络设备）一旦售出，所有经过'管道'的东西，无论是水、石油还是数据，都属于运营商。我们不拥有数据。"[2]

　　5G 时代即将到来，它将成为我们日常生活的核心。5G 技术必须应对三个挑战：在增强移动宽带（eMBB）中实现空前的互联互通、大规模机器类通信（mMTC），以及超高可靠低时延通信（URLLC）场景。

---

1 华为对数字服务未来的愿景，围绕着 1 部智能手机 8 种关键外围产品（PC、手表、车辆等）以及无限个兼容的 IoT 对象（智能家居等）展开。

2 https://www.huawei.com/en/facts/voices-of-huawei/ren-zhengfeis-interview-with-the-financial-times

优化的宽带服务

流量（GBits/s）

3D 视频、超高清屏

智能家居 / 建筑

云（专业、娱乐）

增强现实

语音

工业自动化

未来的 IMT

自动驾驶汽车

智慧城市

专业应用，例如电子医疗

机器之间的大规模连接

可靠性和延迟

5G 的预期收益

5G 和云对于构建未来客户体验的目标至关重要——华为将这一目标简称为 ROADS，即实时性（Real-time）、按需定制（On-demand）、全在线（All-online）、自助服务（DIY）以及社交化（Social）。

正如我们所看到的，为了普及其解决方案，华为正在加大研发投入。面对苹果 iOS 和谷歌安卓系统的压力，华为推出了自研的鸿蒙操作系统，并已决定加速底层研究，以超越目前的研究框架，尤其是在数学和物理方面。

当然，这一长期战略需要根据技术进步、当下地缘政治和司法问题进行调整。但这一目标可以看作一种支撑、一根指导线。它为华为的发展提供了框架，使之不被机会主义现象所诱惑，不因任何市场上的风吹草动而动摇，担负起作为全球行业领导者的责任。

华为传

Huawei

专业人士
看华为

徕卡公司前首席执行官
奥利弗·卡尔特纳访谈录

徕卡公司前首席执行官奥
利弗·卡尔特纳

■ **您可以给我们讲讲徕卡与华为是如何走到一起的吗？**

我在微软担任合伙人和总经理的时候，也负责原始设备制造商（OEM）[1]业务。因此，我与三星、华硕（ASUS）、惠普、宏碁（Acer）、戴尔等主要移动设备制造商有密切往来。当我与徕卡的监事会讨论接任首席执行官时，我很快意识到，作为数字转型的一部分，我们需要将徕卡在光学工程上的专业技能植入智能手机中，目的是让一部智能手机变成一台完整的照相机。而在我刚刚加入徕卡时，一个跨国合作的机会就呈现在我的面前。令我惊讶的是，我们要与华为签订一份品牌协议。

---

1 即零部件制造商，生产的产品主要供应其他集成和组装企业。这种电子元件供应商和组装商之间的关系，也称"代加工"。

这感觉太奇妙了，华为是我一直期待的技术合作伙伴。但不幸的是，我们与华为的合作还没能够收获成功就不得不被我叫停了。

之后，我与华为消费者业务集团首席执行官余承东和手机产品线总裁何刚先生进行了会面。事情很快就变得明朗，我们可以与华为一起来做一件截至目前尚未有人做成的事情：设计一部真正的手机相机。我们没有签订品牌协议，而是签了一份长期合同，确保双方集合在材料、软件、云和光学解决方案等方面的专业技能，为用户提供新一代的手机相机。双方同意，在华为 P 系列和 Mate 系列手机上进行合作。

我们合作推出的第一款手机华为 P9，可以说在全球市场获得了成功。截至 2017 年，华为始终都是全球第三大智能手机制造商，且与排名第一的三星和排名第二的苹果差距甚远。在徕卡加入之后，华为在 2019 年挤掉苹果，跻身全球第二大智能手机厂商，同时，华为与三星的差距也在逐步缩小。

加载了徕卡镜头的华为手机不仅仅有卓越的设计和技术创新，还配有一流的画质。合作伊始，两家公司的团队就如同一支队伍一样工作。团队充满了激情，彼此分享技能，都有充足的意愿来提升和优化每一个新产品。因此，从一开始，工程师们就具有无限的潜力。

■ 在当时，德国政府以及欧盟对于双方的合作有何反应？

地方和中央政府的反应是积极的。一方面，很显然这是平等的两方推动的合作；另一方面，徕卡可以借此以一种全球化的方式向世界传递自己的专业知识，而不用担心会危及公司的知识产权。华为的创始人任正非先生从双方合作之初就投入了大量精力。他积极地与徕卡的大股东安德烈亚斯·考夫曼博士（Dr. Andreas Kaufmann）共同工作，以寻求制定符合双方利益的战略。很快，我们就能看出两位先生具有相同的文化理解，这也在很大程度上推动了双方的合作。

> **此次合作也向世人展示了，一个中等规模的德国企业，如何能在不舍弃其根基的基础上，在全球竞争中站稳脚跟。**

目前，欧盟并没有对双方的这一合作有任何表态。也可能是因为合作并没有引起他们的注意，因为当时的华为正专注于移动设备的开发。直到后来，随着华为推出 5G 技术，才让每个人都清楚地认识到，在卫星和网络技术方面，中国已经成为世界的领导者。在 B2C 业务开始之前，这两个领域一度是社会发展的重要支柱。

■ 那与华为的合作对徕卡的业务模式有什么影响呢？合作占徕卡业务的多大比重呢？

与华为的合作给徕卡的品牌形象带来了巨大变化，但更为重要的是，合作也改变了徕卡的产品范围。

徕卡是高质量相机和相关配件制造商，身处于利基市场。公司已有 100 多年的历史，致力于在设计和性能之中融入创新元素。但无论从体量还是价值上看，相机市场都呈现下降趋势。随着智能手机的普及，多家日本相机制造巨头的销量显著下降。智能手机不仅取代了数码相机，也彻底改变了整个摄影行业。今时今日，重要的是用一种自发、快速的方式拍出优质的照片，然后立即通过脸书、照片墙（Instagram）等社交网络，或者是 WhatsApp 和微信（WeChat）等即时通讯软件将照片分享出去。人们用手机就可以直接拍照、修图，拍摄的数量也不再受限。在过去，一卷胶卷只能拍 36 张照片。而如今，手机或者云存储空间的大小才是决定拍摄数量的唯一因素。

　　徕卡制造的是世界上最小的仪器。我们应当鼓起勇气，不再将智能手机视作对手，而是视作机会——让徕卡能够有影响和重塑未来照片质量的机会。对于像徕卡这样的制造商，这一步意味着持续不断地进行数字化转型。

　　在未来，我们的商业模式将不再只有单纯的硬件和零件的销售，租赁、云服务和共享模式将是主要收入来源。但对于如徕卡 M 系列这样的产品，它是相机行业在过去和未来都无法动摇的标杆，我们不会进行转型。对于客户，他们只是想拥有、展示和操作一台这样的相机。它是如此珍贵，拥有者不会想去分享它。而对于其他产品，它们就和未来的汽车一样，是一种简单的可移动设备，人们可以在任何需要使用的时候租借。徕卡的数字转型之路才刚刚开始。如果我们想继续在未来几十年的市场上发挥作用，转型是必不可少的，我们别无选择。

■ 如果一家外国企业的首席执行官希望与中国企业结盟以促进企业发展，您会给他提出什么建议？

　　欧洲和美国的企业必须明白，在全球范围内，中国的一些大型企业已经是软件开发和云相关的众多领域的领军者。中国已经摆脱了以生产低成本和山寨产品为特征的"世界工厂"形象。华为、京东和阿里巴巴等公司已经证明，中国的的确确在塑造一个数字时代，而我们都生活在这个时代中。此外，许多中国企业家对与其他公司合作，实现互利和可持续发展表现出极大的兴趣。

　　凡事不能一概而论，也并非所有公司都是如此。但在美国和欧洲，我们也面临着不公平竞争。

　　在世界市场上，各个大企业的较量仍然是平等的。但与此同时，力量的平衡却发生了变化。20 世纪 80 年代，面向大众的电子行业由日本企业和一些欧洲企业掌握，而随后，韩国的企业逐渐占据市场。虽然硬件供应已经实现了国际合作，但软件开发一直是美国人的专利。云解决方案的出现推动了市场的国际化发展。如今，中国主导着 5G 技术。企业必须接受这个事实，并鼓励自己的员工抓紧赶超，成为中国的竞争者。如果做不到，那么已经非常落后的欧洲企业将无法在中美之间找到生存余地。

Orange 前首席执行官
蒂埃里 · 博诺姆访谈录

Orange 前首席执行官蒂埃里 · 博诺姆

■ **在最初与华为接触时，您在 Orange 内部的立场是怎样的呢？**

2013 年至 2018 年间，我担任 Orange 的总经理，此前，我先后担任集团的研发主管和首席技术官。Orange 是 CAC40（巴黎 CAC40 指数，由 40 只法国股票构成）中国际化程度最高的企业之一，营业额达 70 亿欧元，员工总数为 24 000 人，其中非法国籍员工占 14 000 人，分布在全球 150 个国家和地区。

6 年前，Orange 下了一个赌注：将业务重心从无法带来增长又备受价格压力和国际竞争压力的网络基础设施转向以客户数字化转型、数据和软件定义网（SDN）为中心的服务。

后者的 B2B 市场高度细分，体量巨大，具有强大的增长潜力。企业必须进行多个层面的转型：外部增长（收购网络、云 、分析等相关领域的企业）、新人才招聘、技术合作伙伴的选择与风险评估，以及尤为重要的，与 Orange Digital Ventures 共同进行的创新型投资。

> 认真倾听、相互尊重和钦佩，这是做 B2B 业务需具备的三个基本品质。

我们的信念是，对于客户，重要的不是尽可能多地积累数据，而是筛选数据并从中获取价值。因此，我们必须知道如何组织和建立"数据之旅"，了解客户收集、传输、存储、分析、分享以及加密数据的方式。具体来说，Orange 愿意成为企业值得信赖的合作伙伴，帮助企业监控这一"数据之旅"，提供工作站、物联网、互联互通以及数据的传输、存储、分析和加密等解决方案（Orange Cyberdefense 也因此成为法国首批营业额达到 3 亿欧元的企业之一）。

■ 您是如何与华为建立联系的呢？

我第一次在工作中接触到华为是在 2006 年，当时我还是 Orange 研发部门的负责人。

我与华为现任轮值董事之一的徐直军保持联系。与华为的 B2B 联系是一段不断相遇的故事。除了技术，我们还在讨论并可能签署一份合同，为"痛点"[1] 问题实施解决方案，关键在于，我们的解决速度要快于我们的竞争对手。我认为华为是一个非常好的合作伙伴，华为的员工善于理解客户的期

---

1 在市场营销领域中，痛点指"能够刺激用户的点"。痛点会影响用户体验和购买意愿，因而扮演着重要角色。

待。我们讨论的主题包括光纤、千兆无源光网络（GPON）[1]技术、2G-3G切换以及移动终端。而那时，华为对于移动终端相关问题还存有疑问。当时，我们正在开发非洲市场，计划推出一种低价的、只处理语音信息的手机，但随后我们关注的焦点转向了智能手机。

我们花了很多时间进行对话和交流，来了解彼此能够做什么，讨论工作的主题选择，我们一步步地从小合同开始，逐渐达成一些雄心勃勃的大型合作。

■ 在你们的业务往来中，您认为华为有哪些优势？

华为有三大优势：首先，与其他大型供应商相比，华为姿态较为谦逊。不仅仅表现在价格上，华为是一家能够做到认真倾听、与对方相互尊重和欣赏的公司，这在 B2B 和任何合作关系中都是至关重要的。

其次，它对网络格局变化有精准的预期：从铜线到光纤，从固定网络到移动网络，从 2G 到 3G 再到 4G，华为能够抓住这三次机会。

最后则是时间、技术和金钱。说到底，就像亚马逊在电商领域一样，华为已经构建了电信生态系统,这其中有利润，华为非常了解市场的价值链，因此能够更好地打破现有价值链，实现生态发展战略。

这是一种极具中国特色的方法，遵循原始的时间法则，即从短期战略向长期战略迈进，在这过程中可以加入规避策略：如果不能立刻直击中心，就先从外围入手。与其他大型运营商一样，在 Orange 的计划中，需求不一定集中在伦敦、柏林或巴黎，也可能分布在非洲和中东。

---

1 一种用于数据传输网络和超高速网络接入的技术。GPON 用于为多个用户提供大量独立流，例如点播电视（IPTV）、IP 视频或超高速网络访问。

在我们的行业，重要的不仅仅是设备，还有运营能力。必须持续在不同的地理区域投资建设，才能够掌控技术发展，对突发事件做出反应。在这种规避战略中，华为把握住了中国相对于原材料生产国的地缘战略机会。因此，华为入驻非洲可谓是顺势而为。

■ 华为在研发方面有哪些优势？

华为在欧洲各分公司的老板都曾面对地理条件复杂的区域，他们知道如何承担风险，他们是真正的先驱者，他们有能力通过可持续的研发投资来进行建设，就像硅谷一样。

美国之所以能在这方面取得成功，原因就在于能够同时将资本、技能和承担风险的能力集中于同一个地方。在欧洲，你可以在巴黎做生意，在伦敦寻找资本。如果你想要冒险，就得去立陶宛或者乌克兰。我们无法像美国一样，在硅谷实现天时、地利与人和。但中国人有这种能力。中国有十几亿人口，大学正在发展，对外开放程度不断提高。他们的研发投资令人震惊，这也是令欧美恐惧的原因。

华为与Orange展开了几项研发合作，最近的一项合作围绕着环境和碳足迹展开，专业程度很高，华为也做出了响应。这也是证明华为领悟和投资能力的一个很好的例子。

抛开安全问题不谈，在这方面，华为在欧洲的行动略显不足。在我看来，华为可以像英国之于欧盟一样，实行更加独立自主的策略，区域和本土投资战略是至关重要的。在法国，华为与奢侈品行业进行合作，在巴黎成立设计实验室，在索菲亚·安蒂波利斯进行人工智能研究，这都是一些例子。

■ 这也是一种赋能方式吗？

的确如此，华为在法国开设了数学精英学校。我们不应该把华为对本地人才的培养视为"技能盗窃"，相反，这体现了华为对法国的兴趣、尊重以及投资。法国人应当学会如何从中得利。

■ 欧洲企业如何与中国企业进行良好合作呢？

在这个相当分裂的世界，美国领导的反华运动对华为来说非常糟糕。我认为，行业里所有的玩家都应该处于同一水平。最后，对法国来说，在欧洲工业中的地位极其重要。和美国、俄罗斯、以色列一样，我们应该把中国视为我们必须与之合作、向之学习的重要行业参与者。这并非天真，因为规则对每个人都是一样的（"零信任"），但拒绝接触和合作并不能增强我们的力量。如果拥有丰富的供应商和合作伙伴，就能够生存下去；相反，如果依赖垄断，就必当灭亡。与此同时，也能够学习到与管理和文化相关的知识。

■ 华为、Orange、西班牙电信（Telefónica）和德国电信之间的云联盟是在什么背景下建立的呢？

我们需要反观五六年前欧洲的云市场。欧洲人要建立云主权，但与美国在投资上未达成一致，美国拒绝了合作，因为他们希望掌握客户数据（但微软在 Azure 云服务上选择了与德国电信合作）。

鉴于此，我们转向寻找有抱负、有意愿的合作伙伴。华为在中国也面临着其他大型云服务提供商的压力，这其中自然包括阿里巴巴。云联盟为华为提高了国际知名度，也增强了其本土影响力。对我们而言，我们需要一个在价格、功能和速度方面具有竞争力的产品，尤其是与 AWS（Amazon Web Services，亚马逊公司旗下云计算服务平台）相比。我们的想法是将三个需求综合考虑，进行供应商选择，同时掌握自己的安全和客户政策。Orange 在新加坡、澳大利亚、新西兰、中国和东南亚的客户中拥有"优势"。

因为，Orange 所具备的"中国核心"引擎，对他们而言十分适用。

■ 华为的对外开放政策将从哪些方面取得突破？

一方面，在联系和合规性方面，华为必须遵守严格要求；另一方面，华为没有经过在欧美业内常见的监管和认证程序。它也不是一家上市公司。ISO 的认证程序中包括开放和共享的能力评估，但这两项尚未成为中国企业的主流价值。总的来说，华为的国际化进程在财政和流程上取得了基础性进展。

目前，由于地方当局的政策，华为必须重新考虑地缘战略。我们则必须停止讽刺中国，必须了解中国。我们不应忘记，零部件恰恰是工业的起源，是工业斗争的核心所在。明天将是谁来提供芯片组？我认为全球会有两至三家巨头企业，问题就在于，美国是否会允许欧洲和中国拥有一定程度的自主权？

■ 5G 技术将如何改变规则？

5G 的部署需要很长时间。这是一项耗资数百亿美元的技术，需要动员大量的人工智能和软件等，挑战并不仅局限在技术层面。我们需要鼓励有能力集物联网、人工智能、云、网络技术等多重角色于一身，能够提供更多服务的新兴企业不断涌现。

欧洲在底层研究方面有一些非常好的合作方案。例如人工智能领域的维拉尼（Villani）计划，以及信息系统及网络数学建模等项目，值得推广扩大。研发仍然是一项必要的、有风险的投资，我们需要知道如何与行业合作伙伴联盟，以更快地向前推进，并将风险降至最低。虽然不容易，但其他行业已经做到了，比如汽车行业。在我们的行业，临界规模（Critical mass）是一个重要的制约因素。

摩纳哥电信总经理马丁·佩龙内特访谈录

摩纳哥电信总经理马丁·佩龙内特（Martin Peronnet）

■ **可以请您为我们简要介绍摩纳哥电信的发展过程和战略选择吗？**

摩纳哥电信是摩纳哥公国的电信运营商。从历史上看，该公司与法国电信（France Telecom）等机构保持密切联系。1997年，摩纳哥电信完成私有化，50%的股权归摩纳哥公国所有，50%归维旺迪（Vivendi）所有，后来，维旺迪将股份出售给了英国大东电报公司（Cable & Wireless）。目前，这部分股权由泽维尔·尼尔（Xavier Niel）[1]的私人控股公司 NJJ 所有。在这样的历史背景下，摩纳哥电信能够根据电信行业的发展节奏来开发产品：固定设备、移动设备、互联网、电视、企业和国家服务（托管、连接、国际连接管理）。摩纳哥是一个就业机会

---

1 Free 的创始人。

多于人口数量的地方：36 000 位国民享有 55 000 个岗位，因而我们的业务以 B2B 为主。2019 年，我们共计拥有 220 名员工。

摩纳哥电信是欧洲电信实验室。

■ **在摩纳哥电信的战略中，国际化占据着怎样的位置？特别是贵公司最近收购了塞浦路斯的 MTN 集团，这也是一次史诗级的收购……**

我们的规模不大，这就要求我们在国际上寻求增长，实现更平衡的发展。起初（1999 年），我们的想法是灵活地与发展中国家或冲突后国家建立联系。因此，我们从科索沃（与移动运营商 PKT–Vala 合作）出发，而后进驻阿富汗［与罗山公司（Roshan）合作］。随后，我们逐渐扩大了在非洲的业务[1]，与 On Air（空客的电话服务商）建立合作。去年 9 月，我们收购了塞浦路斯第二大运营商 MTN，企业的规模因此扩大了整整一倍。

NJJ 加入之后，公司经历了深度转型，对包括呼叫中心（Call center）、分销和 IT 在内的各职能部门进行了国际化改造……我们努力实现自主独立，依靠开源，并实时掌握所有可能的环节。通过提升效率和独立性，更好地制定创新战略。

■ **摩纳哥是第一个完全实现 5G 覆盖的国家，其重要性体现在哪些方面呢？**

摩纳哥电信是欧洲最具创新力的运营商之一。2014 年，我们率先推出 450 Mb/s 的移动网络服务，又于 2017 年推出速度达到 1 Gb/s 的 4G+ 服

---

1 主要与 AlphaTelecom Mali、Azur Telecom 等泛非洲运营商合作。

务。在固定设备上，我们率先在有线网络上实现了 1 Gb/s 的速度。这项服务目前已经覆盖全国 80% 的人口。2015 年，我们启动了一个数据中心项目，以汇集该领域的最新技术……我们始终采用独立的方法寻求技术创新。

如今，摩纳哥是第一个完全实现 5G 覆盖的国家。

促使我们进行创新的因素，同时也是我们的限制条件。从技术上讲，摩纳哥在移动网络的部署上面临一些挑战。首先，摩纳哥的国土面积很小，是一条宽度仅为几百米的狭长地带。摩纳哥建于山坡之上，四周既不完全是海洋，也不完全与法国接壤；其次，摩纳哥是全球人口密度最高的国家，建筑排列紧密且形式多样，任意一处都有可能触及法国边境……但我们克服了所有困难，提供了独一无二的解决方案，以避免从一国进入另一国时出现信号中断。此外，为 F1 大奖赛提供的通信服务堪称真正的技术壮举，赛车驶出后瞬间，在极有限的区域内就会达到流量的峰值消耗。除此之外，我们还必须增加通信密度，以满足磁场限制的法律要求。我们的要求远比法国的要求更严格。最后，我们是世界上唯一一个在离开国土的同时不会中断网络连接的国家，这在技术上也是非常难以实现的。

所有这些，加之适中的企业规模，以及务实的、具备多种才能的合作伙伴，让摩纳哥电信成为推动创新的理想合作伙伴。

■ 贵公司与华为的合作是如何开始的呢？

我们的合作始于 2012 年。为了实现 4G 覆盖，我们必须对网络进行全方位的调整，因而我们发出了招标信息。

有两个方面令我印象深刻：一方面，华为拥有非常完善的路线图，以及先进的"内部"部署解决方案；另一方面，他们确实有强烈的合作意愿。尽管摩纳哥拥有 F1 大奖赛这般有影响力的盛会，我们也能理解，其他的供应商并不会为了只有 40 个高点[1] 的小客户而大费周章。[2]

■ 您对华为的专业水平感到惊讶吗？

惊讶谈不上，因为之前我就通过我们的阿富汗团队与华为取得了联系，并且在 2010 年的上海世博会上，我也曾见到华为高管。那时正是中国的黄金周假期[3]，除了专门为我们的项目而来的团队成员，华为的研究中心空无一人。他们的商业意识和参与度令我惊叹。因此，在我们随后成为合作伙伴时，我能感受到一种积极向上的氛围。后续的合作越发加强了我的这种感觉，他们派遣了一支从某种意义上来说与我们很相似的团队，我们都具备"打前锋"的价值观，双方的工程师团队也在过程中表现得非常团结。华为欧洲公司的高管们曾多次实地考察，尤其是在新网络部署后，即将首次迎来 F1 赛事的前夕。面对这样级别的赛事，我们必须做好准备，网络的切换在 3 个月内顺利完成。

对我们而言，与华为保持良好关系非常重要，因为我们的合作伙伴数量非常少。在选择合作伙伴的时候我们也非常谨慎。我们非常欣赏华为的参与和前锋精神，但双方的关系仍需要不断经营。有人对我说，"与华为签第二份合同，才是真正复杂的事情"，因为华为会尽一切可能拿下第一份合同，并在第二份合同中挽回损失。正因如此，贸易谈判总是很紧张。对我们来说，经常前往深圳，或是参加世界移动通信大会，与华为的团队见面显得尤为重要，我们必须不断更新双方的共同利益点。

---

1 在电信行业中，高点指承载电信天线的屋顶、露台和塔楼。

2 https://www.lemonde.fr/technologies/article/2012/05/11/a-la-recherche-du-point-haut_1699454_651865.html

3 中国人在春节及国庆节可分别享受一周的带薪假期，称为"黄金周"。

■ 是怎样的契机让您成为首批推动与华为合作 5G 的人呢?

2017 年年底, 全世界都希望和华为一起进行 5G 测试。摩纳哥这样的小国家要如何吸引到关注呢? 故事始于达沃斯世界经济论坛, 在那期间, 阿尔贝二世亲王 (Prince Albert Ⅱ) 和华为轮值首席执行官郭平在一场圆桌会议上碰面, 双方就将摩纳哥建设为全球首个实现全 5G 覆盖的国家达成了一致。2018 年 9 月 4 日, 在北京, 我们正式与华为签署了 5G 合同, 亲王以及任正非先生出席了签署仪式。

3 周后, 我们在摩纳哥游艇展上展示了先进的 5G 技术。对摩纳哥而言, 出于国家形象的考虑, 我们需要走在创新的最前沿, 但最重要的是要为我们的客户提供卓越的体验。摩纳哥电信的创新定位, 也有助于重新唤起技术合作伙伴与我们合作的兴趣。

■ 华为的企业文化中, 有哪些让您印象深刻的地方?

首先是员工持股, 这创造了独一无二的员工活力。其次是华为实现了国内市场与国际市场的互补, 因为归根结底, 国内市场在华为营业额中所占的份额只是一部分。华为的员工要想实现职业发展, 就需要不断往返国内以及全球其他地区。

■ 华为在项目执行过程中具备哪些品质?

首先, 他们有优秀的专家。就产品线和研发而言, 很多专家在国内, 但也有很多欧洲籍的专家。这些专家也具有真正的客户意识。其次是华为当地团队的素质, 我们与华为在塞浦路斯、瑞士、爱尔兰以及阿富汗都进行过合作。当然, 每次合作都有一些不同之处。在项目管理方面, 华为团队对移动站点的把握非常精准; 在创新方面, 他们总是能在恰当时刻和危机之中进行适时的管理。但在 5G 项目上，由于组建开发和网络部署的时间非常紧张，因而难免存在些许问题。

■ 您如何看待数据安全性问题？

对于所有供应商，我们都构建了设备隔离和"堡垒"的原则，即供应商和设备之间的每一次交互都需要单独授权。

■ 智慧城市是摩纳哥和华为合作的下一个前沿领域吗？

2019 年 2 月，我们与华为签署了一项关于打造"5G 智慧国"（5G Smart Nation）的协议。目标是为摩纳哥智慧城市相关的服务提供物联网、大数据和云等领域的技术和营销解决方案。华为在物联网平台（允许对连接对象进行编程、配置和信息收集的软件）方面具有领先优势，此外，它具备组织和交叉引用数据的能力，可以为智慧城市开发新型服务。

华为支持的摩纳哥 5G 网络

· 项目于 2019 年 7 月启动，在摩纳哥国土上共安装了 27 根 5G 天线，下行速度达 1.4 Gb/s，上行速度达 61.5 Mb/s。

· 目前市面上有两种 5G 终端，分别是：华为 Mate 20 X 和小米 Mix 3。

· 截至 2020 年 7 月 31 日，所有的通信套餐中都包含 5G 选项。

华为法国数学与算法科学实验室主任迈尔万·德巴访谈录

华为法国教学与算法科学实验室
主任迈尔万·德巴

■ 您能向我们介绍一下数学与算法科学实验室（Mathematical & Algorithmic Sciences Lab）吗?

　　数学与算法科学实验室于 2013 年底在法国成立，专注电信领域的数学研究。我一直担任实验室的负责人。这里大约有 100 位工作人员。当遇到数学问题需要进行内部讨论时，我就是协调员。

在华为，研发是一切的源泉。

　　实验室的选址并非出于偶然，法兰西岛可是全球数学家密度最高的地方。华为在法国还设有其他三个实验室：位于巴黎圣多米尼克路的设计实验室（15 人）；位于格勒诺布尔的实验室于 2018 年启动，专注于传感器研发，拥有 30 名员工；以及位于索菲亚·安蒂波利斯的实验室，致力于研发智能手机上搭载的图片处理工具。华为会根据员工的技能安排其工作地点。

■ 您与学术界保持着怎样的联系呢？

保持着非常丰富的联系。我们这样的实验室要想生存下来，不能没有一个生态系统，我们需要招募人才，需要就复杂的、需要解决的问题进行咨询和交流，需要分享知识，参加会议以及组织讨论会等。全球的学术界负责"知识"部分，而这里的员工则负责"创新"。我们的创始人任正非在这个问题上曾有过精彩的表述："学术的目的是将钱转化为知识，产业的目的是将知识转化为钱。"通过这样一个良性循环，我们创造了知识，并紧接着用知识推动创新。我所说的创造知识，是指我们在尽最大可能拓宽知识传播的边界。

我们与包括巴黎高等电信学院（Télécom ParisTech）、南巴黎电信学院（Télécom SudParis）、布列塔尼国立高等电信学校（ENST Bretagne）、法国国家信息与自动化研究所（INRIA）、巴黎第六大学（UPMC）及巴黎中央理工学校（École centrale Paris）在内的多所著名高校建立了合作关系。我们与位于索菲亚·安蒂波利斯的通信系统与工程学校和研究中心（EURECOM）共同打造了一期关于 6G 技术的讲座，6G 是继 5G 之后的新一代技术，也是我们的实验室在未来十年间的研究方向。

我们还与法国高等科学研究所（IHES）、法国国家科研中心（CNRS）和亨利·庞加莱研究所（L'Institut Henri Poincaré）等底层技术研究中心开展了各类合作。另外，根据企业培训与科研协议（CIFRE）[1]，我们招聘

---

1 企业培训与科研协议，由实验室、博士生和企业共同签订的三方合同，博士生须在此框架要求下完成研究。

了 15 名博士研究生。他们在实验室工作 3 年，由实验室和学术导师共同指导，最终获得博士学位。目前，实验室的 100 名员工均拥有博士学位。

法国和俄罗斯是全球数学大国，我们与莫斯科数学实验室也有紧密的合作。在中国，钻研数学的最高殿堂则是位于北京的清华大学，类似于法国的巴黎高等师范学校（ENS）。值得一提的是，法国和中国在数学研究方法和教学方法上有很多相似之处。两国对数学学科都有很直观的认识，中国人来到法国深造，很多人会选择巴黎综合理工学校（École Polytechnique）。

■ 您是如何组织和选择研究主题的呢？

实验室的研究员大多数都参加了"Laboratoire 2012"项目，进行以技术为驱动的中长期研究，项目周期在 18 个月到 5 年之间。

剩余的研究员分布在各个业务部门，进行 6 个月至 18 个月的业务驱动型研究项目，以响应客户要求为研究目的。这部分研究员是面向未来的"问题和解决方案的发明者"。在业务方面，我们 30% 的工作是由"业务驱动"的，需求来源于各个业务部门尚未解决的问题，由相关业务部门提交给我们进行研究。

自 2014 年开始，5G 就是我们的研究主题。直至今日，我们的研究走得更远，思考如何开发新概念，进一步提高蜂窝网络速度，寻求传输全息图的方法，等等。

我们还进行人工智能技术的底层研究（新概念、新算法），目前我们正在用一种重要的方式对网络（路由、网络体系）和光传输进行研究，以期寻找能够提高光缆吞吐量的编码技术。

所谓的应用数学也是我们的研究对象，包括信息学理论、统计、编码、概率、信号优化与处理等。当然还包括所有与人工智能、机器学习相关的领域，我们目前也在招募人才。

我们也进行概念验证设计，得出的成果需在内部进行"销售"。就和初创企业一样，有成果就有失败，如果业务方对成果不感兴趣，那成果就变成了垃圾。在这种情况下，我们会认为这条研究路径是行不通的，但我们会把成果"保留在盒子里"，因为当组件或复杂性的约束发生变化时，我们可以随时恢复项目。

■ 您如何吸引所需的稀有人才？

我们一直说，华为并没有在证券交易所上市，这对那些需要 2 年至 5 年时间研究项目的人来说，是一种稳定性的保证。这是吸引那些喜欢挑战又希望摆脱短期主义的法国研究人员的第一个因素。他们在这里可以用 3 年至 4 年的时间进行某些能够"打破瓶颈"的项目研究，而在其他公司，他们只能参加 6 个月至 8 个月的研究主题。就像我之前提到的，华为也有这种短期的项目，但更多的作用是为内部提供咨询，且收效不错。

第二个吸引他们的因素则是国际经验。从许多方面来看，亚洲的前景非常光明，我们可以为此做好准备。

第三个因素是华为的雄心、投资能力，以及在华为，研究人员能够接触到所有与数字相关的领域，能够通过网络，对"端到端"到"端到云"的项目进行测试。

总体而言，财务和管理稳定性是法国研究人员所看重的条件。

■ 您如何进行多元文化的管理？

我们不仅仅是一家中国公司，还是一家总部位于中国的公司。交流的官方语言是英语，年轻一代的员工每个人都会说英语。在工作会议期间，有时为了方便会说中文。这时候我们会请翻译，以保证信息传递的准确性，确保一些细微表达都能体现出来。由于存在语言障碍，所以执行委员会的成员必须是中国人，但精通中文的非华裔高管也能够进入执行委员会。我们实验室有10%的员工是外派来的中国员工，他们在很大程度上保证了沟通的顺畅，特别是在有关产品问题的讨论上。

■ 华为在发展早期就非常注重研发，这是为什么呢？

在全球范围内，中国是一个坚决以技术为导向的国家，中国的领导人也多是工程师出身。华为是典型的工程师公司。创始人任正非意识到企业的生存取决于技术的发展，因此，初期就从学校招募年轻人来开发全球移动通信系统技术。取得一定的成功后，华为更加坚定地认为研发是创造价值的核心。在最初的几年，创新是渐进式的。曾经我们的口号是"持续改进"，也就是说，我们只是在针对已有的产品和技术进行改善。

但是在最近的 6 年至 8 年间，抱着开发 5G 的决心，华为将自己定位为研究的领导者，这就需要承担更大的责任和风险。同样从企业文化层面看，管理方面也需要不断发展。例如，某个员工的研究没有得到市场的认同，但他同样完成了目标，因此也应该得到奖励。

■ 您如何分析业务与研发之间的关系？

华为的销售人员已经接受了研发方面的培训，相比之下，华为的销售和研发并没有其他公司那样大的对抗。销售人员了解研发，并能够阐释客户的需求。在驻外公司，有一部分销售人员还不具备这种能力，他们就需要 "业务工程师" 的协助。

研发是一切的源泉，高层管理人员需要了解技术，甚至有时候，他们就是开发产品底层代码的人。

■ 华为早期的英雄主义和"床垫文化"如今还留有痕迹吗?

如今的华为,即使有很多非中国籍的员工,但最初的创业精神依然存在。或许是公司内部团结合作的氛围感染了员工,让他们自然地团结、刻苦。任正非的形象仍然非常重要,他就像是中国的史蒂夫·乔布斯,在公司内部受到高度尊重!我们看任正非的多次演讲可以发现,他总是毫不犹豫地将公司的发展、历史逸事和富有远见的比喻联系起来。与此形成鲜明对比的是,西方企业的老板们通常只谈事实、产品和数据,不谈战略和进步。

另外,在 20 世纪 90 年代进入华为的年轻人受到了公司的大力扶持,心怀感恩,这也一定程度上创造了公司的合作氛围。努力是成功的唯一要素,不允许任何徇私舞弊。

实际上,华为在行业中就像波士顿咨询集团(BCG)在咨询行业中一样:只要努力工作并坚定信念,就能取得成功。至于"床垫文化",的确,如今我的中国同事仍然会在下午 1 点至 2 点之间午休一会儿。睡眠专家也很提倡这种做法。

■ 您的团队接下来要做什么?

我们的研究重点是后 5G 技术和人工智能。在华为 970 亿欧元的营业额中,基础设施不再占多数,消费者业务占到了 45.1%。人工智能和 5G 的结合催生了有趣的新兴事物,例如已经位于华为主要业务轴上的智慧城市。

■ 法国人可以从华为吸收哪些中国文化特质呢?

首先,在中国,人们不会满足于表面的"了解",他们每天都有学习的欲望。

其次,是灵活性和务实性。举两个例子来说。有一次,出于业务原因,我不得不要求研究人员停止某个主题研究。我的这位中国同事很快就停下来，并开始继续进行下一个主题。但若要说服法国研究人员改变方向，需要进行 2 个月的讨论，甚至在主题都不再流行时，有些人仍在敷衍地研究该问题！第二个例子是在实验室建成后首次进行面试的时候，一些刚毕业的年轻人问我："实验室在 20 年后还会存在吗？"这令我非常惊讶。

　　而责任感、质疑精神、个人投资等品质是属于法国研究人员的优秀品质。他们总是能够在局势受阻并超越执行力时主动采取行动，这对于确保解决方案的可靠性非常重要。在执行不确定性非常大的项目时，有法国研究人员的参与就显得至关重要。当然，最理想的情况是将中国人的务实和法国人的创造力完美结合起来！

中国联通网络技术研究院院长
张涌访谈录

中国联通网络技术研究院院长张涌与作者
樊尚·迪克雷

■ **中国联通在中国电信领域的具体特点是什么？**

作为中国第三大电信运营商，中国联通是一家从成立之初就接纳私营企业进行资本投入的国有运营商。

2017年，四家互联网公司成了中国联通的投资方：百度、腾讯、阿里巴巴和京东。这四家公司参与投资后，中国联通成为中国私人资本占比最大的电信公司。与之相比，国家持有中国电信约71%的股份，而其他运营商的国有持股份额占比更大。值得注意的是，在全球的电信运营商中，即便我们不是独一无二的，也是十分稀有的、拥有网络巨头投资的运营商。

> 华为对自己的市场、成功和失败都有很切实的看法。

■ 您是如何开始与华为合作的？

早在 1996 年，当我刚加入中国联通时，我就开始和华为在电池领域进行合作。随后我们在各个领域均有过合作。华为主要为我们的业务提供技术咨询、管理咨询和运营服务。

■ 你们是如何在 5G 上合作的？ 具体是在哪些领域？
您对 5G 的未来有什么看法？ 有哪些计划投资的方向？

我们早在 2016 年前就开始在 5G 领域探讨合作。我们两家公司都是国际电信联盟和第三代合作伙伴计划（3GPP）[1]的成员。我们有着密切合作，但并非全程合作，因为我们各自有不同的合作供应商。

5G 在许多市场中都是一个机会，包括智慧城市、移动和传媒业。2019 年年初，我们宣布与华为在这一领域建立合作关系，第一次成果落地是通过 5G 进行中央电视台（CCTV）春节联欢晚会的 4K 高清直播。

■ 您如何看待华为在中国经济中的形象和作用？

在中国，华为的影响力远远超出了传统的服务提供商。在其所属的市场环境下，华为的发展堪称典范，任正非的鲜明个性发挥了重要作用。

作为零部件制造商，华为无疑是世界第一，而它同样是灵感的源泉。我认为这家公司有几个非常鼓舞人心的特点：

·管理文化，不管是员工股权激励、充满斗志的企业文化（通常被称为"狼性文化"），还是员工的机动性（在职业生涯中不应长期待在同一

---

1 3GPP 由 6 个地区性的标准化组织组成，负责具体制定第三代移动通信标准。其成员涵盖了世界上几乎所有的电信运营商和设备制造商。

职位）、对个人成就的奖金鼓励以及对毕业生的吸引力；

·浓厚的研发氛围，付出总会得到相应的回报。

华为的另一个特点是，它对自己的市场、胜利和失败有着通透的看法，这要归功于它对市场的彻底审视。任正非先生不断地审慎自省，最具代表性的就是 2000 年在投资 3G 手机后，他发表了一篇名为《华为的冬天》的著名文章。尽管华为现在的发展空前繁荣，但任正非始终对市场保持警惕。他能够在不赚钱的情况下持续在路由器上投入 10 年，最后收到了与投入等值的回报。因此，他就像一位导师，对公司起到至关重要的作用。

■ 华为有两类截然不同的业务：B2B 设备和面向 B2C 的移动电话。如何在一家公司内平衡这两种截然不同的业务呢？

我认为这两类业务是完全不同的，唯一将它们联系在一起的就是华为文化！这是华为的成功之一：爱立信未能将基础设施建设与移动电话业务结合起来，而美国电话电报公司也无法与之相提并论。起初，我们认为华为不可能像苹果那样成功。

但正是天才般的互联网思维，帮助华为在智能手机领域取得了成功。苹果得益于 iOS 系统和史蒂夫·乔布斯独具一格的视角；三星选择了显示器和芯片业务；OPPO 和 VIVO 则将用户群体瞄准了千禧一代……正是通过观察竞争对手，华为做出了自己的选择——特别是停止参与运营商的智能手机补贴计划。

■ 未来外国智能手机品牌将在中国市场上扮演怎样的角色？

如今，三星在中国已经不再位列前五，苹果也不再是第一了！OPPO 和 VIVO 之间的竞争日趋激烈。然而，苹果在中国仍保有巨大的市场份额：

它的大部分用户已经使用了 10 多年，短时间内很难改变使用习惯。[1]

■ 您对华为的国际发展有什么看法？

它是中国企业从全国第一跃居世界第一的典范！国际化对我们这些企业来说是绝对必要的。我们与世界各地的运营商都在进行交流合作。中国联通已经在向前往国外旅行的中国游客提供数据漫游服务（我们和 Orange 公司在法国的合作就是很好的例子）。对中国联通来说，国际化是最重要的增长机会。

■ 您如何看待时间因素在业务发展上的重要性？

设备业务从整体上来说是发展缓慢的。从 3G 到 4G 再到 5G，已经花了很长时间。我们需要长期的伙伴关系，就像和华为的合作一样。另一方面，以应用程序为首的大众服务，研发速度要快得多。在这个领域，我们会选择与其他类型的伙伴合作。

---

1 2009 年，中国联通与苹果签订了独家协议。

华为法国公司总经理施伟亮访谈录

华为法国公司总经理施伟亮

■ 您是如何成为华为法国公司总经理的呢?

我人生的前20年是在上海度过的,我毕业于复旦大学。在学校的交流项目中,我有幸获得了一个前往欧洲交流的名额。我可以在法国和德国之间做出选择,但法国更吸引我,主要是因为法国航空(Air France)和道达尔(Total)等法国公司的知名度。

从兰斯高等商业学校(ESC Reims)毕业后,我在法国的一家设计公司工作。2006年我回到上海,申请了华为的职位。

因此,法国是我离开中国后的第一个目的地。在接下来的20年里,我大部分时间都在国外度过,主要是在非洲,那里的条件可比法国要困难得多!

当时,很少有商业人士真正了解非洲,也没有人真正意识到它将成为巨大的市场。那时，人与人之间几乎没有任何连接方式，手机成了以适中的价格快速建立这一连接的绝佳途经。当时，华为非常需要会讲法语的中国员工，工资和条件都很有吸引力，这种经历的挑战性吸引了我去证明自己。

果然，我没有失望：我本打算在非洲待上两三年，但最终我在那里度过了近 10 年的时光。起初我在中非，之后又去了喀麦隆（华为在当地的营收五年内从 2000 万欧元增长到 2 亿欧元），随后又承担了建立华为西非地区部的任务。我每两年转岗一次，总能从事一些令人兴奋的工作，比如在喀麦隆修建一条全长约 6000 公里的海底光缆。10 年后，我被任命前往英国开拓 B2B 市场（营业额在一年内翻了一番），然后在 2017 年，我有幸成了华为法国公司总经理。

■ 你如何看待华为员工与非洲人之间的关系？

大家可能还不知道，华为在非洲有超过 1 万名员工！我注意到中非两方的团队之间有一些共同点。对一些在农村长大的中国人来说，非洲的日常生活和网络状况与他们的家乡并没有太大的不同。我们和政府当局没有关系，只和当地的私企运营商打交道。有趣的是，华为与 MTN、Orange 等大型电信运营商的合作正是始于非洲。

■ 法国对华为意味着什么？

法国是华为在欧洲的重要市场。

华为的创始人任正非非常喜欢欧洲的文化、氛围和商业精神，深圳园区复刻了众多欧洲名胜的建筑风格，这是一个很好的例子，是为了让那些还没有去过欧洲的合作伙伴更加关注欧洲市场。

此外，法国是一片盛产人才的土地，既有技术人才（尤其是数学人才，他们对人工智能和 5G 的研发做出了重要贡献），也有许多文化人才。华为设计工作室位于巴黎市中心，全球热卖的 P20 和 P30 手机都是在这里设计出来的。鉴于法国市场的严苛，我们知道如果一种设计能在这里受欢迎，就会在世界各地热销！法国是一个有着多样价值观、众多遗产和丰富知识的国家。

我们和其他私企一样，致力于雇佣越来越多的当地员工（超过 1000 名员工中有 15% 是中国人，13% 是法国华裔，剩余 72% 都是外国人，其中女性占 40%[1]），同时履行我们的缴税义务和企业责任。我们和政府之间的合作基于最新的移动网络安全法案[2]。在 5G 领域立法是合理的，但要本着务实、公平和透明的精神，避免因此推迟 5G 在欧洲的推广落地。

在商业方面，我们与所有法国运营商都有合作。[3] 2018 年，我们的营业额为 13 亿欧元，其中 50% 来自智能手机，40% 来自运营商，10% 来自对公服务。B2B 是一个成长型行业，华为在数据领域与源讯（AtosOrigin）、Econocom、标致雪铁龙和雷诺等公司均有合作，同时向法国国家铁路公司（SNCF）提供火车站智能管理服务，也帮助家乐福、勒克莱克（Leclerc）等零售企业建设数据中心，实现供应链自动化管理，并为其卖场提供机器人解决方案。

最后，华为与许多法国企业建立了伙伴关系，共同在全球提供产品和服务，包括半导体供应商意法半导体（STMicroelectronics）、在非洲拥有众多业务的博洛雷公司（Bolloré）和电缆制造商耐克森（Nexans），还有与华为签订了 4 亿欧元的合同、承包了其在全球 170 个国家和地区分

---

1 参考第 97 页图表。
2 也称"反华为法案"。
3 华为与 SFR 建立了长期战略合作伙伴关系。

公司食堂的餐饮服务商索迪斯（Sodexo）。

整体来说，我们与欧洲的合作越来越紧密。

■ 您认为华为在法国和欧洲的发展能走多远？

我们的目标不是成为绝对第一，而是成为法国和欧洲在创新浪潮中最合法、最紧密的合作伙伴。我们的使命是为我们的客户提供完整的平台化生态系统：设备生态系统（从手机到车辆）、工具生态系统（90% 的科技公司都有数据商用的需求，华为并不提供数据模型，而是为客户提供管理工具上的帮助）和维持整体协同性和安全的服务生态系统。当然，华为的主打领域还是电信，但也包括媒体行业、在电动汽车上拥有至少 5 年到 10 年巨大潜力的汽车行业，以及更为长期的工业和智慧城市领域。

喀麦隆电信总经理
朱迪斯·阿希迪访谈录

喀麦隆电信总经理朱迪斯·阿希迪

■ **喀麦隆的电信市场有哪些重要数据？**

20世纪70年代中期，喀麦隆在雅温得市郊区建成了Zamengoé卫星地面站，打开了中非地区卫星通信的大门。

从那时起，喀麦隆经历了一场真正的变革。在华为与其他四家移动运营商和近50家互联网服务提供商的不断竞争中，完成了4条海底电缆、1.2万多公里光纤的铺设。移动通信服务（互联网和电话）和固定通信服务［非对称数字用户线路（ADSL）、光纤宽带通信（FTTx）、固定电话等］开始向全国各地的个人、家庭和企业提供。当时，喀麦隆的电信服务与发达国家普遍存在的电信服务没有什么不同。

随着3G的出现和2015年4G时代的到来，移动服务普及率发生了巨大变化：2018年移动电话普及率接近81%，互联网普及率达到35%。到今年年底，这些数字又能够发生重大变化，但最重要的是到 2021 年，喀麦隆五分之三的人将通过智能手机上网。

在固定通信服务（特别是光纤宽带通信）方面，我们正努力在不久的将来达到 100 万用户量。喀麦隆电信（CAMTEL）是唯一有能力销售这些服务的运营商，我们计划在战略上保持开放，以便在全国范围内迅速为尽可能多的家庭和企业提供最好的光纤服务。

■ 喀麦隆电信的市场定位和整体战略是什么？您能向我们介绍一下"数字喀麦隆 2020"计划吗？

"数字喀麦隆 2020"计划预示喀麦隆将进入真正的数字经济时代。这是国家元首借助这个新的数字时代为喀麦隆的发展提出的一个愿景。这一愿景最终转化为一项总体计划，该计划也为我们公司制定了具体的目标。

喀麦隆电信作为国家目标执行者，在各个工业领域扮演着重要的角色：移动网络、固定网络和分发营销。我们正努力在国家计划内广泛部署电信基础设施，在预定的时间范围内实现这一愿景。对我们来说，这有助于确保喀麦隆在中期内能够在撒哈拉以南非洲的数字经济领导人沟通中占有一席之地。

喀麦隆在中非地区具有战略性地位。

凭借我们海岸线上的各种海底电缆，喀麦隆电信的目标是打开乍得、中非共和国等内陆国家的市场，使喀麦隆成为次区域数字经济的真正驱动力。当然，这包括提高我们的服务质量和实施我们的发展计划，以实现我们在短期内成为全国固定和移动通信网络领导者的愿景。

我们的 2019 年至 2025 年战略直面了这些挑战，计划对一些国家指标的提升做出贡献，主要包括：

· 行业为 GDP 带来约 10% 的贡献；

· 提升企业宽带接入率至 95%；

· 提升家庭宽带接入率至 10%；

· 保证 65% 的人口能够用上高速移动网络。

■ 2018 年 9 月，喀麦隆电信与华为达成了优先发展伙伴关系。这项合作的原则和具体方法是什么？

更具体地说，这是喀麦隆政府与华为基于喀麦隆信息通信技术发展框架达成的合作关系。从公司层面来说，我们和华为正在讨论一项培训"信息通信技术（ICT）人才"的战略协议，这将有助于发展和优化我们的电信基础设施。

■ 中非地区的光纤市场现状如何？

所有电信运营商都使用由喀麦隆电信专门部署和维护的光纤基础设施，该基础设施目前几乎覆盖喀麦隆所有地区（大区级 100% 覆盖，省级 89% 覆盖，地区级 58% 覆盖）。

这种光纤基础设施有几个安全回路，也成为喀麦隆与邻国之间互联项目的工具。如今，我们已经和乍得互通网络，并正在完成与尼日利亚、中非共和国和刚果（布）的联通。

此外，我们还提供最后一英里的付费宽带业务，全国各地有数以千计的企业和家庭受益于这些光纤宽带通信服务。该服务逐渐从一种精英产品变为一种普及产品，越来越多的中产阶级开始使用它。

在中非，大部分情况下，由于存在一些亟待解决的基础设施建设问题，这项服务仍然难以落实到人民的生活中。在亚洲开发银行（ADB）的帮助下，我们开始实施中部非洲地区光纤骨干网项目（CAB），该项目旨在连接该地区所有国家的光纤网络。这对我们来说是一项艰巨的任务，我们正在为实现这一任务而努力，为我们各国人民的共同利益而努力。

■ 贵公司是华为喀麦隆－巴西跨大西洋海底光缆系统的运营商。您能和我们介绍一下这个项目吗？它的目标和愿景是什么？

南大西洋国际海底光缆（SAIL）是南大西洋的一根海底通信电缆，连接克里比（位于喀麦隆）和福塔莱萨（位于巴西），长度约 6000 公里，由华为海洋网络有限公司部署。南大西洋国际海底光缆实际上是一条连接非洲大陆和南美洲大陆的洲际海底电缆，为非洲大陆创造了新的通信渠道。

如今电信行业面临的挑战是连接世界各地的数据中心，以促进信息的交流和共享。在非洲大西洋沿岸，只有少数几根从欧洲地中海出发的海底电缆向撒哈拉以南的国家提供电信服务。它们是西非电缆系统（WACS）、卫星 3 号（SAT-3）海底电缆、ACE 海底光缆和 Main One 海底光缆，其中 Main One 海底光缆连接着喀麦隆电信铺设的尼日利亚－喀麦隆海底光缆系统（NCSCS，从克里比到拉各斯）。

这些电缆将内容直接从设在美洲的数据中心通过欧洲和美洲之间的其他海底电缆传送到非洲。考虑到美洲在内容开发上的主导地位和非洲对这些内容的强烈需求，有必要在这两个大陆之间建立一个直接的交流桥梁，不必再经过欧洲。

这条电缆势必会把喀麦隆电信推上发展的轨道，它将获得国际地位和收入。这些都符合我们的长期目标，也就是让我们的国家成为中非地区向数字世界开放的终端平台。

■ 在智慧城市领域您将进行哪些战略部署呢?

没有智慧城市就没有数字经济的萌芽和发展,而没有物联网就没有智慧城市。在许多像喀麦隆这样的撒哈拉以南国家中,城市化是政府当前面临的现实问题。城市在发展和扩大,经济密度也在不断增大。为了符合"数字喀麦隆2020"计划中所提到的国家利益,喀麦隆电信必须为"城市数字化"做出贡献,其目的是建立互联城市,通过网络管理和监控停车场、公共照明、市民活动、安全、城市交通、道路和各种网络。一座智慧城市需要利用信息和通信技术,提高城市服务的质量。

截至目前,喀麦隆电信计划从两个方面实现这一未来:在喀麦隆城市地区部署首个公共 Wi-Fi 解决方案,以及为连接各大城市的数千个监控摄像头提供技术支持。

现在,我们已经和国内两大主要城市的城市社区达成协议,在社区内部署 Wi-Fi 热点,并且我们还与国家安全总局达成了合作协议,部署新一代视频监控系统,连接全国境内所有监控摄像头。

这些正在进行的项目使我们在战略上更接近我们所设想的、理想的智慧城市。

基础设施是未来智慧城市项目的重要基础,其包括联网的公共照明系统、公共场所定位系统、自动化的停车场和道路交通管理,以及组织大型运动和体育赛事的监控系统。

■ 您对华为的企业文化有什么看法? 会想要学习和借鉴这种文化吗?

我们对于与华为的战略伙伴关系非常满意。自 14 年前进入喀麦隆市场以来,该设备制造商为我国电信产业的基础设施和人力资源的发展做出了重大贡献。

我们希望这种合作能够进一步升级，这样能够将华为全球皆知的专业性与我们公司的新愿景紧密结合，有助于实现我们的目标，有效执行政府在信息和通信技术方面的指导方针。

我们关注世界的发展，我们关注设备制造商和运营商对宽带的强需求。虽然我们目前还比较保守克制，但我们对任何能够以最低成本使喀麦隆人最大限度地使用固定和移动宽带网络的倡议持开放态度。在这方面，我们可以借鉴合作伙伴华为的经验，让喀麦隆人民接触到新的概念，比如物联网、电子健康或智能家居。

深圳市政府代表
孙海滨、彭礼寿访谈录

■ **深圳市的成功经历了哪些阶段?**

在 40 年的时间里,深圳从一个小渔村变成了一座国际化的城市!这一发展可以分成三个阶段。

第一个阶段从 20 世纪 80 年代初到 20 世纪 90 年代,深圳的主要产业属于简单的加工工业(纺织、皮革制作等)。对这些劳动密集型产业来说,当时深圳的劳动力成本和房地产市场价格都很低,具有竞争力。

> **我们未来十年的四大挑战是:智慧城市的全球领导力、排名世界前列的大学、科学城以及强大的大都市。**

自 1989 年以来,深圳持续对外开放:允许外国资本进入,当时的主要投资者来自日本和美国,进行中的项目多达 6520 个,其中 60% 属于简单的制造业。

第二个阶段,从 20 世纪 90 年代中期到 2008 年,这座城市进入了高科技发展阶段。随着经济的增长,每平方米的地价和劳动力成本的优势越来越小,必须找到一种新的模式:1995 年,深圳决定发展高新技术产业。

在这一时期，这些技术主要包括电子和电信技术。我们生产电视机、电脑、电话……正是在这个时候，成立于1987年的华为成为该领域的新兴中小企业之一，并终将成为一家大公司。

作者樊尚·迪克雷与相关人士在深圳市政府会谈

　　被称为"中国电子第一街"的华强北路见证了这一历史：现在这里的企业仍是全球电子产品市场的标杆。

　　1995年，高新技术产业为深圳市生产总值贡献了225.8亿元人民币（约合28.4亿欧元）；2008年，这一数字为8700亿元人民币（约合1123亿欧元）。期间平均每年增长32%。这种发展实际上是由创新驱动的：深圳从世界工厂成了世界实验室。

　　第三个阶段，在2008年金融危机之后，中国政府决定在未来的5G、基因技术、无人机技术等领域采取创新驱动的新战略。

举个例子，总部位于深圳的大疆创新科技公司（DJI）目前在全球无人机市场上的市场占有率为 70%。

腾讯则凭借微信改变了我们的生活方式：我们可以不带现金出门，一部手机足以完成支付、出行等所有事情。

2018 年，深圳市生产总值达到 2.4 万亿元人民币，其中 37% 来自新兴产业，这表明我们在高端市场取得了成功。

此外，值得注意的是，中国申请的专利有一半来自深圳。

深圳市政府

■ 这座城市是如何帮助这些企业发展的呢？它与硅谷有什么不同？

华为是一家私营高科技公司。因此，它需要一个有利于企业发展的大环境。在其发展过程中，华为与我们城市的所有其他 IT 电子企业享有同样的优势。

华为之所以能够在国际上取得成功，得益于其能够广招人才。另一方面，在发展初期，华为就引入了集成项目管理（IPM）等先进的管理方法。

如果要拿深圳和硅谷做比较，我认为这两个地区都全力投入信息产业和生物技术产业。深圳在创意方面可能有一些劣势，但我们有三个主要优势：

第一个优势，我们拥有相对完整的产品链。例如，为了组装你口袋里的智能手机，你可以在深圳市政府周围一公里范围内买到 300 种所需要的配件。此外，大量的中小企业可以为大公司提供快速服务：一个创新概念的落地通常需要 6 个月到 2 年的时间，但在深圳，只需要 3 周。

第二个优势是它的地理位置，靠近香港使得深圳在国际开放方面处于领先地位。深圳与香港和世界各地的学校均有合作。例如，深圳有多所知名的工科和商科院校，包括清华大学深圳研究生院[1]。

第三个优势，从人口角度看，中国是一个人口大国，拥有劳动力优势。更具体一点，深圳是一座年轻的城市、一座移民城市——以中国内陆来的"移民"为主。2017 年，共有 2.5 万名常住外国居民（常住 6 个月以上）和 120 万名临时外国居民（旅游或商务出访）。

---

1 始建于 1911 年，是中国最好的高等院校之一。2019QS 全球高校排名第 17 位，ARWU 软科世界大学排名第 43 位。

■ 在智慧城市领域将有哪些动作?

智慧城市这个概念诞生不过 10 年，是当下热门的话题。在建设智慧城市方面，深圳的目标是在全国名列前茅，而我们也已经在 2018 年登上了榜首。到 2020 年，我们的目标是成为世界第一。

这是一个复杂的项目，我们借鉴了香港、东京以及日本其他城市的经验。这将是一次探索，有很多东西需要学习。每个国家都有自己对智慧城市的愿景，我们的愿景是让人们的日常生活更便利。过去的几年中，我们在交通、健康和教育领域进行了一些实验。几个月前，我们推出了一款应用程序，将所有的本地服务（包括交通、保险等）整合在一起，有中文和英文两种版本。为了贴合我们的国际化愿景，后续还会增加各种语言的版本。

■ 在这一发展过程中，如何能同时保护环境?

目前在我们的城市依然有一些污染很严重的企业，比如化工企业。

然而，这些企业是我们生态系统中不可缺少的一环，这就是为什么我们计划在宝安区建立一个循环经济中心对废水进行特殊处理。它的建设已经提上了日程。

■ 10 年后的深圳会是什么样子?

看看我们城市的发展如何证明华为的成功，反之亦然，华为又如何证明了深圳的成功！比较一下前后两张照片，这座城市的发展速度是惊人的。

我们希望建设一座具有吸引力和创新性的国际化城市。我们希望改善我们的弱点，即:

·拥有一所像斯坦福（Stanford）或伯克利（Berkeley）这样的国际一流大学。在未来 10 年内，我们将在这一领域投入大量的努力。

·在光明区建设一座科学城。

·基于"粤港澳大湾区计划"成为一座外向型城市。我们致力于建立一个竞争力集群，更希望能够和相邻的广东各城市互补发展。

可以用两个数字来衡量我们的目标：2018 年深圳市生产总值是 2.4 万亿元人民币，到 2025 年，我们的目标是达到 4 万亿元人民币，2030 年则希望达到 6 万亿元人民币。

华为带给了我们什么启示？

华为的经历具有象征意义：它表明，没有启动资本，没有收购或合并，中国的中小型企业也可以在 30 年之内，在竞争异常激烈的市场中异军突起，成为行业领军者。您或许会说，是具有领袖魅力的工程师、中国改革开放的大背景，以及深圳特区的崛起等特殊因素造就了华为的成功。这没错。

但即使您不居住在中国，即使您没有成为全球巨头的野心，华为的飞速发展也能够给您带来一些启示。

无论您身处哪个行业，无论您的企业是否足够成熟，有四个原则是放之四海而皆准的：

1. 创新是创造价值的唯一动力：精准的短、中、长期战略能帮助您真正实现价值。近年来，创新型企业的成功有且仅有一个因素，那便是产品、客户体验以及业务模式上的创新。您必须以坚定的信念站在市场的最前沿，同时保持务实的态度，也就是说，根据市场的现实情况，实时调整战略。即便日常工作的琐事让您有些透不过气，也要不断地审视战略的正确性。

2. 成功人士一致认为：如果没有精良的部署，再好的战略也难以推行。提供能够吸引最优秀人才的薪酬，让即便是非常年轻的员工也能够真正参与到企业的运作中，建立起一个真正的集体，保护企业的固有地位。

3. 具备危机意识：即使企业已经良性运转多年，您也必须表现出"企业明天就可能倒闭"的忧患意识。首先，这是一种良性的刺激；其次，如今市场的变化也的确是快速而彻底的。"优步化"（Uberization）玩家很有可能在接下来遭受冲击。

4. 放眼全球：创新型公司必须具备进军国际市场的雄心。当今世界的竞争是全球性的，不仅仅针对消费者，还表现在人才招聘、产品和服务开发等方面。秉持"全球领先"的信条，就是为自己创造成功的机会。

华为的成功或许预示了未来的商业模式：尽管规模庞大，但能够迅速做出调整，不盲目追随时代变化，而是创造新的时代。您需要根据自身战略来决定您的入场方式。

参考文献

书籍：

Gong Yeming, *Global Operations Strategy: Fundamentals and Practice*, Springer, 2013

Greenspan A., Livingston S., *Future Mutation: Technology, Shanzai and the Evolution of Species*, Timespirale Press, 2015

Hingwen Li, *Ren Zhengfei and Huawei: A Biography of One of China's Greatest Entrepreneurs*, LID Publishing, 2017

Huawei, Inc. ©, *Full Analysis from A to Z. Technical report*, 2015

Mazé Dominique, *Déploiement de la stratégie des groupes chinois dans les pays émergents et en développement : analyse contextuelle et culturelle*, Thèse université Bretagne, 2018

Nylander J., *Shenzhen Superstars–How China's smartest city is challenging Silicon Valley*, Amazon Digital Services, 2017

Providing Global IT Solutions from China: The Huawei Story, Paths International Ltd, 2013

Tian Tao, David de Cremer, Wu Chunbo, *Huawei: leadership, culture and connectivity*, Sage Publications India, 2016

Yang Shaolong, Huawei, une success story à la chinoise, Nuvis, 2016

Yip G.S., McKern B., *China's Next Strategic Advantage: From Imitation to Innovation*, The MIT Press, 2016

Zhang Y., Zhou Y., *The Source of Innovation in China: Highly Innovative Systems*, Palgrave Macmillan, 2015

文章：

Android Authority, «10 interesting facts about Huawei», 16/08/2016, https:// www. androidauthority.com/huawei-interesting-facts-709696/

AsiaOne, «How Huawei became the world's No 1 telecoms gear supplier», 19/02/2019, https://www.asiaone.com/business/how-huawei-became-worlds- no-1-telecoms-gear-supplier

BBC, «Huawei: The story of a controversial company», 06/03/2019, https:// www. bbc.co.uk/news/resources/idt-sh/Huawei

BBC, «Ren Zhengfei: Huawei's reclusive founder», 18/02/2019, https://www. bbc. com/news/business-47279262

BBC, «World's "most mysterious" chief executive Linda Yueh», 23/01/2015, https://www.bbc.com/news/business-30948346

Beijing Information, «Shenzhen–une zone économique spéciale en Chine», 24/07/2019, http://french.beijingreview.com.cn/zt/txt/2010-08/25/content_ 293948. htm

Best China News, «Ren Zhengfei "bloodbath" Huawei», 08/2010/2016, http:// www.bestchinanews.com/Science-Technology/4852.html

Bloomberg, «Huawei's CEO Built an Empire. Trump Could Tear It Down», 09/2012/2018, https://www.bloomberg.com/news/articles/2018-12-09/huawei-s-ceo-survived-a-famine-can-he-weather-president-trump

Bloomberg, «Trouble for Huawei Spells Opportunity for Samsung as 5G Nears», 12/2012/2018, https://www.bloomberg.com/news/articles/2018-12-12/trouble- for-huawei-spells-opportunity-for-samsung-as-5g-nears?srnd=technology-vp

Business Insider, «An arrest, a debutante ball, and 2 marriages:Inside the lives of the superrich Huawei dynasty», 29/05/2019, http://www.businessinsider.fr/us/insane-life-huawei-founder-ren-zhengfei-ultra-wealthy-family-2018-12

Business Today, «Chindian Cheer», 27/2010/2013, https://www.businesstoday. in/magazine/features/huawei-bangalore-centre-key-role-focus-functioning/story/20199114.html

Caixin, «Closer Look: My Three Encounters With Huawei Founder Ren Zhengfei», 01/02/2019, https://www.caixinglobal.com/2019-02-01/closer-look-my-three-encounters-with-huawei-founder-ren-zhengfei-101377280.html

CGTN, Live: «Huawei founder & CEO Ren Zhengfei holds discussion in Shenzhen», 16/06/2019, https://news.cgtn.com/news/2019-06-15/Live-Huawei-founder-CEO-Ren-Zhengfei-holds-discussion-in-Shenzhen-Hyf0Bmbcsw/index. html?from=timeline

Challenges, «Huawei pourrait mettre fin aux partenariats dans les pays qui l'accusent d'espionnage», 23/01/2019, https://www.challenges.fr/high-tech/huawei-menace-de-quitter-les-pays-qui-l-entravent_638241

Challenges, «Paris réfléchit à des mesures pour mieux contrôler Huawei», 22/01/2019, https://www.challenges.fr/high-tech/paris-reflechit-a-des-mesurespour-mieux-controler-huawei_637985

China Daily, «Shenzhen: A story of change», 20/02/2017, http://www.chinadaily.com.cn/china/2017-02/20/content_28261033.htm

Chinese News Feed, «Huawei's winter», 10/2012/2018, http://chinesenews-feed.com/article/e37c7f5e1e7f001c

Clubic, «Huawei: le telco chinois qui voulait conquérir le monde», 22/2012/2011, https://www.clubic.com/pro/it-business/article-461152-2-huawei-telecommunications-entreprise.html

CNBC, «Mise en garde de Huawei contre le boycott US sur la 5G», 29/2011/2018, https://www.cnbc.com/2018/2011/29/huawei-boss-us-may-not-win-the-5g-race-if-it-doesnt-let-us-back-in.html

CNBC, «Huawei *Rotating* CEO Ken Hu first-ever TV Interview with CNBC», 8/12/2016, https://www.youtube.com/watch?v=q1i5wYvZvVg

Counterpoint, «The role of Huawei in 5G standardization», 20/08/2018, https://www.counterpointresearch.com/huaweis-role-5g-standardization/

Courrier international, «Shenzhen un rêve de geek», 25/04/2018, https://www.courrierinternational.com/article/villes-shenzhen-un-reve-de-geek

Daxue Consulting, «Branding China: How Huawei started?», 11/07/2014, https://daxueconsulting.com/how-huawei-started/

É&A, Analyses, «Diagnostic externe, Pestel de Huawei», 6/09/2019, https://www.etudes-et-analyses.com/blog/decryptage-economique/diagnostic-externe-pestel-huawei-06-09-2018.html

Financial Times,«How Huawei tried to sell itself to Motorola for $7.5bn», 25/02/2019, https://www.ft.com/content/fa8e7ab4-3905-11e9-b856-5404d3811663

Financial Times, «Huawei continues global push despite setbacks in west», https://www.ft.com/content/2d86836a-fd2b-11e8-aebf-99e208d3e521

Foreign Policy, «The Improbable Rise of Huawei», 03/04/2019, https://foreignpolicy.com/2019/04/03/the-improbable-rise-of-huawei-5g-global-network-china/

Fortune, «Huawei founder Ren Zhengfei opens up in Davos», 22/01/2015, http://fortune.com/2015/01/22/huawei-ren-zhengfei-davos/

Frenchweb, «Shenzhen, fer de lance de l'innovation chinoise», 17/2012/2018, https://www.frenchweb.fr/shenzhen-fer-de-lance-de-linnovation-chinoise/342761?utm_source=FRENCHWEB+COMPLETE&utm

Frenchweb, «Smartphones: Huawei, le "loup" chinois qui a détrôné Apple et rêve du 1er rang mondial», 07/08/2018, https://www.frenchweb.fr/smartphones-huaweile-loup-chinois-qui-a-detrone-apple-et-reve-du-1er-rang-mondial/333449

Globatimes.cn, «Shenzhen, a rising foreign entrepreneur attraction», 15/2/2018, http://www.globaltimes.cn/content/201089715.shtml

Huawei, vidéo «*International innovators: the Huawei story*», 2011, https://www.youtube.com/watch?v=k38gEgepgxE

Huffington Post, «Le phénomène Huawei illustre toute la complexité de nos relations avec la Chine», 25/03/2019, https://www.huffingtonpost.fr/2019/03/24/ le-phenomene-huawei-illustre-toute-la-complexite-de-nos-relations-avec-la-chine_a_23697732/?xtor=AL-32280680?xtor=AL-32280680

Imperial College London, «Huawei's Tian Tao secrets of company's succes to Business School students», https://www.imperial.ac.uk/news/20188427/huaweis-tian-tao-tells-secrets-companys/

Inquirer, «Shenzhen, best place for business in China», 4/12/2018, https://business.inquirer.net/261652/shenzhen-best-place-for-business-in-china

Interbrand, Best Global Brand 2017 Ranking, https://www.interbrand.com/best-brands/best-global-brands/2017/ranking/

L'Usine Digitale, 2015, «L'année où Huawei est devenue une marque globale», 26/12/2015, https://www.usine-digitale.fr/article/2015-l-annee-ou-huawei-est-devenu-une-marque-globale.N369467

L'Usine Digitale, «Huawei ouvre un cinquième centre de recherche en France», 28/11/2018, https://www.usine-digitale.fr/article/huawei-ouvre-un-nouveau-centre-de-recherche-en-france.N775154

L'Usine Digitale, «Huawei, la force tranquille», 02/03/2015, https://www.usine-digitale.fr/editorial/les-tigres-chinois-du-mobile-huawei-la-force-tranquille.N316832

La Croix, «Shenzhen, des rizières à la high-tech», 18/12/2018, https://www.la-croix.com/Monde/Asie-et-Oceanie/Shenzhen-rizieres-high-tech-2018-12-18-1200990348

La Tribune, «Huawei, Xiaomi, Lenovo : les téléphones chinois veulent s'exporter», 21/07/2015, https://www.latribune.fr/technos-medias/huawei-xiaomi-lenovo-les-telephones-chinois-veulent-s-exporter-493265.html

Le Figaro, «Monaco: le déploiement de la 5G avec Huawei aura lieu cet été (Monaco Télécom)», 29/05/2019, http://www.lefigaro.fr/flash-eco/monaco-le-deploie- ment-de-la-5g-avec-huawei-aura-lieu-cet-ete-monaco-telecom-20190529

Le Journal de Montréal, «Le fondateur de Huawei veut sauver sa firme et sa fille»,

30/01/2019, https://www.journaldemontreal.com/2019/01/30/ le-fondateur-de-huawei-veut-sauver-sa-firme-et-sa-fille

Le Monde Informatique, «Annuels Huawei 2015:Le chiffre d'affaires dopé par les smartphones», 05/01/2016, https://www.lemondeinformatique.fr/actualites/lire-annuels-huawei-2015-le-chiffre-d-affaires-dope-par-les-smartphones-63468.html

Le Monde Informatique, «OBS affiche des ambitions internationales avec Huawei cloud», 5/07/2018, https://www.lemondeinformatique.fr/actua-lites/lire-obs-affiche-des-ambitions-internationales-avec-huawei-cloud-72252.html

Le Monde, «Pour toute la Chine, Huawei montre la voie à suivre», 21/03/2019, https://www.lemonde.fr/economie/article/2019/03/21/pour-toute-la-chine-huawei-montre-la-voie-a-suivre_5439180_3234.html

Le Monde, «Huawei et Honor rivalisent au sein d'un même groupe pour le succès», 24/04/2019, https://www.lemonde.fr/economie/article/2019/04/24/ huawei-et-honor-rivalisent-au-sein-d-un-meme-groupe-pour-le-succes_5454156_3234.html

Le Point, «L'offensive de Huawei, l'autre armée chinoise», 07/06/2012, https://www.lepoint.fr/economie/l-offensive-de-huawei-l-autre-armee-chinoise-07-06-2012-1697914_28.php#

Les Échos, «Ren Zhengfei», 12/02/2013, https://www.lesechos.fr/2012/02/2013/ LesEchos/21374-155-ECH_ren-zhengfei.htm

Les Mobiles, «Et si Motorola avait racheté Huawei ?», 01/03/2019, https://www.lesmobiles.com/actualite/26345-et-si-motorola-avait-rachete-huawei.html

Libération, «Ren Zhengfei, Le PDG de Huawei, livre ses "tuyaux" à la presse», 09/05/2013,https://www.liberation.fr/futurs/2013/05/09/ren-zhengfei-le-pdg-de-huawei-livre-ses-tuyaux-a-la-presse_901891

Libération, «Une succès story à la chinoise», 15/07/2019, https://www.liberation.fr/planete/2019/07/15/huawei-une-success-story-a-la-chinoise_1740131

LuxurySociety, «China's Top 100 Brands: Chanel The Most Wanted Again», 18/06/2019,

Money Inc, «10 Things You Didn't Know about Huawei Founder Ren Zhengfei», 24/01/2019, https://moneyinc.com/huawei-founder-ren-zhengfei/

My broadband, «Les ambitions de Huawei en Afrique du Sud», 7/08/2018, https://mybroadband.co.za/news/smartphones/271161-huawei-aims-to-overtake-samsung-in-south-africa-in-the-next-2-years.html

Numerama, Albéric Guigou, «Study Chinese Tech CEOs», 01/03/2018

Numerama, «Ren Zhengfei, enfant solitaire des montagnes pluvieuses»,
08/04/2018, https://www.numerama.com/business/340705-ren-zhengfei-enfant-
solitaire-des-montagnes-pluvieuses-fondateur-discret-du-geant-huawei.html

01Net, «Huawei prépare un smartphone à quadruple module camera»,
15/2011/2018, https://www.01net.com/actualites/huawei-prepare-un-smartphone-
a-quadruple-module-camera-1566883.html#nlref=6123014c65245667be42a48
68c6f50c3&utm_campaign=20181116&utm_medium=email&utm_source=nlbi-
tech

PC World, «Huawei presenta libro acerca de la historia de liderazgo», culturay
conectividad de la empresa, 27/09/2018, http://pcworld.com.mx/huawei-liderazgo-
cultura-y-conectividad/

PhonAndroid, «Honor : décryptage de la stratégie d'une marque qui a su s'imposer»,
11/12/2015, https://www.phonandroid.com/honor-decryptage-strategie-marque-
qui-su-simposer.html

PhoneAndroid, «Huawei veut devenir numéro 1 devant Samsung en 2019»,
28/12/2018, https://www.phonandroid.com/huawei-veut-devenir-numero-1-
mondial-devant-samsung-en-2019.html

Policy Research Office of Shenzhen Municipal People's Government, «Shenzhen
– from Rural Village to the World's Largest Megalopolis», 24/08/2016, http://www.
drc.sz.gov.cn/ywb/szcs/szls/201608/t20160824_4318165.htm

Quartz, «Huawei AI could power self-driving cars in Europe and China by 2021»,
13/06/2019, http://snip.ly/qnim70#https://qz.com/201642586/huawei-ai-could-
power-self-driving-cars-in-europe-china-by-2021/

Realites.com.tn, «Huawei 5e rang européen en R&D», 6/01/2019, https://www.
realites.com.tn/2019/01/recherche-et-developpement-huawei-5eme-au-
classement-mondial/

Reuters, «Insight: Outsider Ren pits Huawei against the world», 23/04/2012,
https://www.reuters.com/article/us-huawei-ren/insight-outsider-ren-pits-huawei-
against-the-world-idUSBRE83M0C620120423

ScandAsia, «Chinese Telecom Huawei completes modernization for Danish
TD», 05/03/2015,https://scandasia.com/chinese-telecom-huawei-completes-
modernization-for-danish-tdc/

Siècle digital, «En Chine Alibaba Tencent et Baidu monopolisent l'intelligence
artificielle», 24/01/2019, https://siecledigital.fr/2019/01/24/chine-alibaba-tencent-
baidu-intelligence-artificielle/

South China Morning Post, «Can Huawei's founder Ren Zhengfei, who survived a famine, weather Donald Trump?», 10/12/2018, https://www.scmp.com/business/companies/article/2177205/can-huaweis-founder-ren-zhengfei-who-survived-famine-weather

South China Morning Post, «Huawei founder Ren Zhengfei on why he joined China's Communist Party and the People's Liberation Army», 16/01/2019, https://www.scmp.com/tech/big-tech/article/2182332/huawei-founder-ren-zhengfei-why-he-joined-chinas-communist-party-and

Stratégies, «Washington met en gardes ses alliés contre le Chinois Huawei», 26/11/2018, http://www.strategies.fr/actualites/marques/4021186W/washington-met-en-garde-ses-allies-contre-le-chinois-huawei.html

Technode, «Huawei accelerates commercialization of 5G network», 22/2011/2018, https://technode.com/2018/2011/22/huawei-accelerates-commercialization-of-5g-network/

The Conversation, «Huawei: fears in the West are misplaced and could backfire in the long run», 02/05/2019, https://theconversation.com/huawei-fears-in-the-west-are-misplaced-and-could-backfire-in-the-long-run-116375

The Economic Times, «Huawei to set up R&D centre in Bangalore; invest $ 150 million», 29/04/2013, https://economictimes.indiatimes.com/tech/hardware/huawei-to-set-up-rd-centre-in-bangalore-invest-150-million/articleshow/2019781974.cms?from=mdr

The European Business Review, «Leading Huawei:Seven Leadership Lessons of RenZhengfei»,17/09/2015,http://www.europeanbusinessreview.com/leading-huawei-seven-leadership-lessons-of-ren-zhengfei/

The Guardian, «China's Huawei signs deal to develop 5G network in Russia», 06/06/2019, https://www.theguardian.com/technology/2019/jun/06/chinas-huawei-signs-deal-to-develop-5g-network-in-russia

The Guardian, «Indise Huawei–a photo essay», https://www.theguardian.com/artanddesign/2019/may/21/inside-huawei-a-photo-essay

The Independant, «Huawei plans $600m investment in 10Gbps 5G network», 06/11/2013, https://www.independent.co.uk/life-style/gadgets-and-tech/huawei-plans-600m-investment-in-10gbps-5g-network-8924124.html

The Register, «Cisco drops Huawei lawsuit», 29/07/04, https://www.theregister.co.uk/2004/07/29/cisco_huawei_case_ends/

Vlan! Podcast, «Ce n'est plus possible de ne pas s'intéresser au digital en Chine»,

19/09/2017, http://www.gregorypouy.fr/2017/09/vlan-13-ce-nest-plus-possible-de-ne-pas-sinteresser-au-digital-en-chine-avec-laure-de-carayon/

WebTimeMedias, «Monaco lance le déploiement de son réseau 5 G avec le Chinois Huawei», 07/09/2018, http://www.webtimemedias.com/article/monaco-lance-le-deploiement-de-son-reseau-5-g-avec-le-chinois-huawei-20180907-63040

Your Tech Story, «Ren Zhengfei–The Founder of Huawei», 23/07/2018, http://www.yourtechstory.com/2018/07/23/ren-zhengfei-founder-of-huawei/

ZDNet, «Huawei réussit la première expérimentation sur le terrain de la 4G (TD-LTE)», 26/05/09, https://www.zdnet.fr/actualites/huawei-reussi-la-premiere-experimentation-sur-le-terrain-de-la-4g-td-lte-39502369.htm

© 民主与建设出版社，2020

图书在版编目（CIP）数据

华为传 /（法）樊尚·迪克雷（Vincent Ducrey）著；
张绚译 . -- 北京：民主与建设出版社，2020.5
ISBN 978-7-5139-2997-4

Ⅰ.①华… Ⅱ.①樊… ②张… Ⅲ.①通信企业 - 企
业史 - 深圳 Ⅳ.① F632.765.3

中国版本图书馆 CIP 数据核字（2020）第 054694 号

著作权合同登记号：图字 01-2020-1117

Original French title: *Un succès nommé Huawei*
© 2019, Éditions Eyrolles, Paris, France
Simple Chinese edition arranged through Dakai-L'agence

上架建议：经济管理

华为传
HUAWEI ZHUAN

著　者	［法］樊尚·迪克雷（Vincent Ducrey）	
译　者	张　绚	
责任编辑	程　旭	
监　制	秦　青	
策划编辑	张　卉	
文字编辑	陈　皮　停　云	
版权支持	辛　艳　张雪珂	
营销编辑	李　帅　吴　思	
版式设计	利　锐	
封面设计	崔浩原	
出　版	民主与建设出版社有限责任公司	
电　话	（010）59417747　59419778	
社　址	北京市海淀区西三环中路 10 号望海楼 E 座 7 层	
邮　编	100142	
印　刷	雅迪云印（天津）科技有限公司	
开　本	680mm×995mm　1/16	
字　数	238 千字	
印　张	18	
版　次	2020 年 7 月第 1 版	
印　次	2020 年 7 月第 1 次印刷	
书　号	ISBN 978-7-5139-2997-4	
定　价	59.80 元	

注：如有印、装质量问题，请与出版社联系。